ARCHIVOS DEL PRESIDENTE JOSÉ AZCONA

(Notas de Prensa —Agosto de 1983)

ARCHIVOS DE PRESIDENTE JOSÉ AZCONA.
(Notas de Prensa. Agosto de 1983)

©Colección Erandique
Supervisión Editorial: Óscar Flores López
Diseño de portada: Andrea Rodríguez—Mariana Turcios
Administración: Tesla Rodas—Jessica Cordero
Director Ejecutivo: José Azcona Bocock

Segunda Edición
Tegucigalpa, Honduras—Junio de 2025

CRISIS Y RENUNCIA

Los presentes volúmenes del Archivo José Azcona Hoyo, pertenecientes a la Colección Merendón, tienen su origen en los documentos que mi padre dejó al momento de su fallecimiento. Estoy convencido de que hubiese sido su voluntad que esta información estuviera al alcance de todas aquellas personas interesadas en consultarla.

Esta documentación incluye un registro de publicaciones periódicas contemporáneas a los hechos, informes de gobierno y otros documentos anexos. La edición que hoy publicamos contiene los archivos de prensa de agosto de 1983, un período interesante en el que se llevaron a cabo elecciones internas del Partido Liberal, en medio de acusaciones entre el Movimiento Liberal Rodista y la Alianza Liberal del Pueblo (ALIPO), según informó uno de los diarios hondureños.

"Se ha comprobado que el fraude del domingo proviene de las pretensiones delirantes de la mayoría de los diputados rodistas, que buscan una reelección", acusó José Fernández Guzmán, presidente por Cortés del directorio departamental de la ALIPO y convencional electo el domingo por esa corriente política —señalaba otro diario.

Sobre este contexto, los medios nacionales publicaron la siguiente noticia:

"José Azcona Hoyo, presidente del Consejo Central Ejecutivo del Partido Liberal (CCEPL), reconoció ayer que internamente ese instituto político enfrenta una tremenda crisis, generada a raíz de la división de ese organismo en dos fracciones irreconciliables".

El cuidado y la divulgación de documentos históricos conllevan dos componentes importantes. El primero, y condición necesaria para el segundo, es la conservación de la información para su uso posterior. Esta función primordial se ha cumplido durante las décadas en que este archivo ha estado bajo la custodia de mi madre, Miriam Bocock de Azcona, y se espera lograr darle un hogar definitivo y permanente.

La segunda función se cumple con la publicación de este archivo. Este ha sido organizado, capturado digitalmente, convertido a texto, editado y publicado de manera sistemática. La intención es que esté disponible libremente, a un costo accesible, para quienes deseen conocer mejor este importante período de la historia de Honduras.

Adicionalmente, se espera que sirva como fuente para investigadores interesados en los temas que aborda. Un complemento esencial es que se pretende mantener estas obras disponibles de forma permanente, a fin de garantizar su acceso en el futuro.

Hemos procurado realizar una edición sin censura y con un formato que facilite la búsqueda.

Dicho esto, los invito a hacer un recorrido por aquel agitado mes de agosto de 1983.

José S. Azcona B.
Abril de 2023

LIBERALES

Doctor Roberto Suazo Córdoba
Coordinador general del movimiento
liberal Rodista.

Doctor Modesto Rodas Alvarado
su espíritu iluminando a los
liberales.

Votar por las planillas del rodismo es un acto respaldo al gobierno constitucional liberal y solidaridad con el Doctor Roberto Suazo Córdova, coordinador general del movimiento liberal Rodista.

Por la revolución del trabajo y la honestidad

MOVIMIENTO LIBERAL RODISTA

LIBERALES

En las elecciones internas votar por el movimiento liderazgo vista es un acto de reconocimiento al doctor MODESTO RODAS ALVARADO y de solidaridad al doctor ROBERTO SUAZO CÓRDOVA
Por la revolución del trabajo y la honestidad

MOVIMIENTO LIBERAL RODISTA

LIBERALES

En las elecciones internas votar por el Movimiento Liberal Rodista es un acto de reconocimiento al doctor MODESTO RODAS ALVARADO y de solidaridad al doctor ROBERTO SUAZO CORDOVA
Por la Revolución del Trabajo y la Honestidad

MOVIMIENTO LIBERAL RODISTA

VOTO

POR LAS PLANILLAS DEL
MOVIMIENTO LIBERAL RODISTA
1983 - 1986

LIBERALES

ESTE ES TU VOTO

LIBERAL

Dr. Modesto Rodas Alvarado

VOTO

Dr. Roberto Suazo Córdova

POR LAS PLANILLAS DEL
MOVIMIENTO LIBERAL RODISTA
1983 - 1986

RECUERDA: Bajo la dirección del **RODISMO** ganamos las elecciones a la Asamblea Nacional Constituyente.

Bajo la dirección del **RODISMO** ganamos las elecciones presidenciales.

El rodismo es carta de triunfo para siempre para el Partido Liberal de Honduras.

VOTA POR EL MOVIMIENTO LIBERAL RODISTA

PARA QUE PARTICIPEN EN COMICIOS

TEGUCIGALPA.- El presidente del Congreso Nacional abogado Efraín Bú Girón, lanzó ayer un llamado de unidad para que rodistas y alipistas participen activamente en las elecciones internas del partido liberal, a celebrarse el próximo domingo.

Según Bú Girón, estos comicios internos son muy importantes para la vida política de Honduras y aclaró que la unidad que él demanda de las bases liberales no significa uniformidad.

"El propósito de todo liberal —señaló— es fortalecer el partido en el poder para poder sacar adelante las grandes obras de Progreso, libertad y democracia que el gobierno debe ejecutar".

Desde ahora sostuvo que "naturalmente que el movimiento que triunfarán las elecciones del domingo es el rodista y votando por esta corriente fortalecemos al gobierno, al partido, al régimen democrático y aseguramos su permanencia en el poder".

Añadió que el presidente del Congreso Nacional que para seguir con la obra que ha iniciado el gobierno del Doctor Roberto Suazo Córdova, necesitamos que el movimiento liberal Rodista se mantenga en el poder político.

Expresó que cada quien puede hacer su propio análisis político al responder a la interrogante de que no estaba de acuerdo con lo manifestado por Jorge Bueso Arias, líder de la alianza liberal del pueblo (ALIPO), quien señaló que todos los que voten este domingo por el Rodismo o la otra corriente interna estarán apoyando al gobierno.

"Ojalá que todos los liberales Incluyendo los de la ALIPO, den demostraciones de unidad y amor al liberalismo y que puedan contribuir con su actitud a fortalecer el gobierno", señaló.

Finalmente, opinó que el partido liberal no puede dividirse pues lo que existe en realidad es diferencia de criterios, ya que existe identidad de propósitos tales como el mantenimiento del régimen democrático, producto de la voluntad mayoritaria del pueblo.

Efraín Bú Girón

CAMPO PAGADO
TOCOA, COLÓN

El día martes, 17 de este mes, el magistrado de la Corte Suprema de Justicia, Marco Tulio Castillo, anduvo con su parlante en el municipio de Tocoa diciendo, con gran soberbia, que votarán por la planilla que encabeza Gerónimo Rodríguez, que era la planilla que estaba aprobada el gusto de él.

Anduvo humillando a la diputada por el departamento de Colón, María Teresa de Torres. No está conforme con los ultrajes que sufrió nuestro diputada a manos del adversarios. Él sigue atropellándola en su propio pueblo, imponiéndole a un señor como presidente del nuevo consejo local liberal; éste va llegando a Tocoa del departamento de Comayagua, y a otros del municipio de él.

Por lo tanto, hacemos del conocimiento público que nosotros, los liberales rodistas, vamos a votar por la planilla que elegimos los del pueblo en Asamblea Pública y que encabeza la profesora Andrea L. de Banegas es a la que vamos a reconocer. No permitimos continuar en esclavitud con el yugo opuesto; estamos en tiempo de libertad y democracia para elegir nuestras autoridades.

Solo recordamos las elecciones pasadas en el departamento de Choluteca, que Marco Tulio Castillo fue a imponer un candidato de otro departamento, los que no se dejaron atropellar; y el domingo 21 de agosto, por la planilla que encabeza la profesora ANDREA LAZO DE BANEGAS, porque es lideresa de nuestro partido liberal rodista ella le quitó el consejo local de este municipio a los alipos, no hubo otro que enfrentara la situación porque sabían que había que disponer energías, dinero y hasta la vida. Y para constancia firmamos los representantes del rodismo.

Santos R. Martínez.   **Juan V. Castro.**   **Antonio Rosales**

A TODOS LOS LIBERALES:

EL DOCTOR ROBERTO SUAZO CÓRDOBA ES PRESIDENTE DE TODOS LOS HONDUREÑOS, Y LÍDER NACIONAL DE TODO EL PARTIDO LIBERAL. COMO PRESIDENTE Y COMO LÍDER ESTÁ SOBRE LA DIVERGENCIAS PARTIDARIAS. ¿POR QUÉ DEGRADAR AL PRESIDENTE SUAZO CÓRDOBA, INVOLUCRÁNDOLO EN LAS LUCHAS INTERNAS DEL PARTIDO?

ALIANZA LIBERAL DEL PUEBLO
VOTAR "ALIPO" ES VOTAR LIBERAL

(TIEMPO) 20 de agosto de 1983

Mejía Arellano:

NO SE LLAMARÁ A DESIGNADO: YO DIRIGIRÉ EL EJECUTIVO

El presidente de la república, Doctor Roberto Suazo Córdova, estará al frente del Poder Ejecutivo en fecha próxima, pues se está restableciendo rápidamente en su enfermedad, aseguró el ministro de gobernación, abogado Óscar Mejía Arellano.

Mejía Arellano dijo que no había intención de llamar a uno de los designados para ocupar temporalmente la presidencia de la República, y subrayó que mientras dure la recuperación del presidente, será él quien estará dirigiendo el ejecutivo.

Comentó que la ley es clara, en el sentido de que el presidente escogerá su sucesor en caso de permanecer por más de 15 días ausente de sus funciones.

Aseguró, asimismo, que el Doctor Roberto Suazo Córdova, se recupera de forma acelerada de la enfermedad que lo atacó hace unas dos semanas.

(TIEMPO) 20 de agosto de 1983

11

CONSEJO CENTRAL EJECUTIVO DEL PARTIDO LIBERAL

CIRCULAR No. 4

El Consejo Central Ejecutivo del Partido Liberal de Honduras ha tenido conocimiento de que algunos consejos y sub-consejos liberales han estado colocando su respectivos sellos en los carnets que se les ha enviado para las votaciones del próximo domingo 21 de agosto.

Nuevamente queremos informar a todo el liberalismo de la república, que son válidos los carnets que llevan el sello y firma del presidente de este consejo central ejecutivo, ingeniero José Azcona del Hoyo, y la del secretario de organización y propaganda, doctor Pompilio Romero Martínez.

Aprovechamos esta oportunidad para excitar a todos nuestros correligionarios para que se mantengan Unidos alrededor de los grandes ideales que postula nuestro Instituto Político y que cualquier diferencia que haya surgido, sea resuelta con un espíritu reconciliador y de respeto a nuestros estatutos.

No hay que olvidarnos que por encima de nosotros está nuestro partido al cual le debemos nuestros esfuerzos y nuestra ferviente vocación de hombres libres.

Que este 21 de agosto el Partido Liberal, salga fortalecido y demos muestras de que somos buenos liberales y que en las grandes crisis, los liberales nos hermanamos para dar fortaleza a nuestras filas pensando con altura cívica y sin resentimientos intrascendentes.

Debemos seguir el mensaje de nuestro máximo líder Dr Roberto Suazo Córdova, que en varias ocasiones nos ha llamado la cordura y a la unidad de todo el liberalismo.

CONSEJO CENTRAL EJECUTIVO DEL PARTIDO LIBERAL DE HONDURAS

COMUNICADO

El Consejo Central Ejecutivo del Partido Liberal de Honduras, al pueblo liberal hace saber que los carnets que han sido emitidos por este consejo distribuido en el país por los consejos locales liberales y corrientes internas; tienen validez para ejercer el sufragio próximo domingo, lleven o no los sellos de consejo locales liberales.

CONSEJO CENTRAL EJECUTIVO DEL PARTIDO LIBERAL DE HONDURAS.

CAMPO SOLICITADO

PRONUNCIAMIENTO

Es sensible para el liberalismo rodista de Jesús de Otoro que el directorio liberal rodista a nivel nacional, presidido por el diputado prof. Alberto Rodríguez Espinosa, prejuiciado haya aprobado para que se inscriba la plantilla que la minoría de liberalismo de esta villa y en misa negra integró, llevando la cabeza al señor Agustín Santos y como delegada propietaria de su hija a la Argentina Santos Morales a la convención nacional, en abierta violación a lo prescrito en los estatutos del partido liberal, haciendo caso amigos omiso de la planilla que encabeza al profesor Catarino Montoya Flores y como delegado propietario a la misma convención nacional al doctor Pedro Fiallos Medina, presentada por el auténtico movimiento liberal rodista, cuyos candidatos fueron electos en Asamblea pública mediante votación directa y espontánea, como expresión unánime del pueblo.

El directorio local fue el que propuso a los miembros del actual consejo local liberal, a los miembros liberales al actual corporación municipal y la candidata a la primera suplencia como diputada al congreso nacional, señorita a la Argentina Santos Morales, gracias y ese mismo directorio local rodista es el que ha propuesto. La planilla que encabeza el profesor Catarino Montoya Flores.

El grupo minoritario liberal en concierto con el consejo local ya predica la legalidad del directorio local rodista por no estar inscrito. En consecuencia, todo carece de legalidad.

Si el objetivo fundamental del Partido Liberal es trabajar por el mantenimiento y fortalecimiento de la paz y la democracia como una aspiración del pueblo Hondureño, ¿por qué hoy se vulnera y atropella la dignidad del pueblo humilde liberal de este municipio? Los liberales Auténticos que nos arrodillamos ante Dios pero no ante los hombres, dolidos por la ilegalidad e imposición de que hemos sido objeto, expresamos con paciencia franciscana a todo el liberalismo intibucano:

a) Algunos esperanzanos apoyan a los oportunistas pseudo líderes de Jesús de Otoro, que hacen y deshacen conforme a su raquítico criterio, conformándolo a su propio bienestar y de los suyos, sin importarle los nexos de consanguinidad y afinidad que los vincula, practicando el nepotismo en grados sumo, fusilando de nuevo las ideas del mando ilustre de los centroamericanos, General Francisco Morazán, cavando su propia tumba, para no levantar cabeza jamás; otros la levantarán, intibucanos netos, en defensa de la democracia, para que campee para siempre la justicia y la paz entre los pueblos.

b) Intibucanos, otoreños con mentalidad renovadora, necesitamos aquí en que enarbolemos juntos la bandera de la paz por la revolución del trabajo y la honestidad y resplandezcan los principios de la Revolución Francesa, en los que se fundamenta nuestro gran Partido Liberal.

Compatriotas: la única alternativa que nos queda para terminar con un siglo de imposiciones y burlas al pueblo humilde intibucano son las candidaturas independientes. Por lo tanto, desde ya te invitamos a que en comunidad de esfuerzos e ideas visualicemos a los mejores hombres y mujeres con el futuro nos puedan representar con dignidad, capacidad y un amor entrañable a la tierra que nos vio nacer. Solamente con ideas renovadoras y libres de prejuicios podremos redimir esta patria digna de mejor suerte.

Esperamos encontrarnos en un futuro cercano para consolidar las mayores aspiraciones que nos ligaron los inclaudicables TOSTA Y FERRERA. Compatriotas, fundamentamos este pronunciamiento en lo que estatuye el artículo 6 de los estatutos del Partido Liberal, que a la letra dice: "El Partido Liberal solo acepta como fuente legítima del poder público la voluntad del pueblo expresada en comicios libres y honestos; rechaza el continuismo en cualquiera de sus formas, condena la violencia, pero reconoce el derecho del pueblo para oponerse a los regímenes que surjan contra su voluntad".

Jesús de Otoro, Intibucá, Centroamérica,
Agosto 1983

MOVIMIENTO LIBERAL RODISTA
PRONUNCIAMIENTO

El Movimiento Liberal Rodista de la ciudad del Progreso, Yoro, ante todos liberales se permite emitir el siguiente pronunciamiento:

1.- En ocasión de realizarse este domingo 21 de agosto las elecciones internas del Partido Liberal de Honduras, evento en el cual se elegirán todos los consejos locales liberales y los delegados a la convención departamental y nacional, excitamos a todos los liberales a votar por las planillas del Movimiento Liberal Rodista; somos los liberales rodistas los que hemos documentado día a día todos los correligionarios para llevar al solio presidencial al doctor Roberto Suazo Córdova. Sin nuestro esfuerzo hubiera sido imposible obtener los dos últimos triunfos electorales del Partido Liberal.

2.- Condenamos la conducta del diputado Roberto Micheletti, quien con votos rodistas alcanzó la posición parlamentaria que hoy ocupa y quién, ya estando en la cima, se alió con otros Diputados, formando la mal recordada "bancadita del Congreso Nacional", y ahora que se avecinan nuestras elecciones internas, anda repartiendo en los alrededores de la ciudad del Progreso subsidios provenientes de las arcas nacionales, es decir, de los dineros del pueblo, distribuyendo esos subsidios a condición de que voten en estas elecciones internas por la planilla de la alianza liberal del pueblo (ALIPO), todo ello en franca tradición a nosotros los rodistas, que lo llevamos a donde se encuentra; es reprochable la posición traidora del diputado Micheletti por qué, apartando toda ética, denodadamente ha ordenado sus escasos seguidores a votar por la planilla de la alianza liberal del pueblo de la ciudad del Progreso.

3.- Anticipadamente, llenos de todo júbilo y de esperanza, al doctor Roberto Suazo Córdova, en su condición de máxima expositor del Partido Liberal, le anunciamos que juntamente con la acertada dirección del diputado liberal Dr William Hall Rivera, quién es un hombre que con su lucha infatigable y su lealtad a los intereses del partido liberal ha ganado el respeto el cariño y la admiración de todo su pueblo, un triunfo rotundo contra la alianza liberal del pueblo (ALIPO) y contra los pocos Seguidores del diputado Roberto Micheletti.

**POR LA REVOLUCIÓN
DEL TRABAJO Y DE
LA HONESTIDAD**

El Progreso, Yoro, 19 de agosto de 1989

MOVIMIENTO LIBERAL RODISTA DE LA CIUDAD DEL PROGRESO, YORO

Azcona Hoyo:

"LA LIBERTAD HONDUREÑA LA VAMOS A LOGRAR CON EL TRABAJO DIARIO"

El presidente del instituto de la vivienda (INVA) y ministro de Comunicaciones, Obras Públicas y Transporte, José Azcona del Hoyo, dijo en su intervención que la libertad de Honduras la vamos a lograr con el trabajo diario.

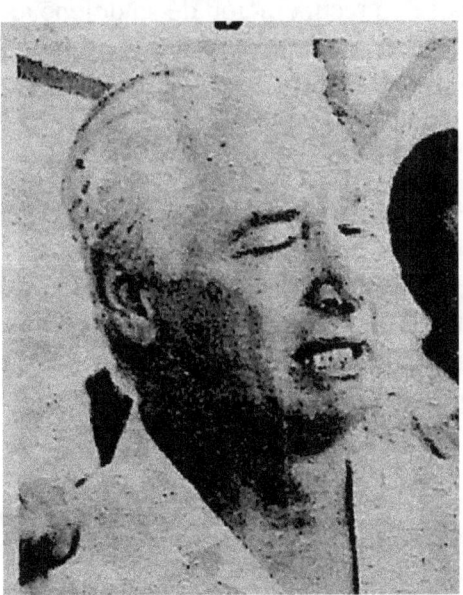

"Que cada hondureño quede convencido que debemos hacer del trabajo nuestra segunda religión; hagamos que las máquinas, que las ruedas, que los equipos de construcción, los equipos agrícolas, ásperos de labranza entonen al unísono un himno de fe en Honduras", dijo el ministro de la SECOPT.

15

Azcona considera que la coyuntura histórica que el pueblo está viviendo es oportuna tomando en cuenta que los miembros de la empresa privada han expresado en la tribuna que él ocupa que están dispuestos a compartir sus beneficios.

"Esa coyuntura no la desperdiciemos, unámonos compañeros hondureños —agregó Azcona— que no diga la generación venideras que la presente dejó pasar la obra crítica de Honduras cuando era más fácil unir a todos los sectores. No desperdiciemos la ocasión como en el año 1969 cuando amenazados por fuerzas externas el pueblo Hondureño se unió pero después esa Unión no se quiso aprovechar, se despilfarró".

El presidente del INVA, después de excitar a los hondureños para que digamos un no rotundo al sectarismo y al egoísmo de los sectores, expresó que debemos tomar ejemplo del señor presidente de la república que trabaja 16 horas diarias y que está esforzándose hasta el sacrificio para lograr sacar Avante de la nación hondureña.

(LA PRENSA) 15 de agosto de 1983

—Gustavo Alfaro desmiente "rumores interesados" —
FALSO QUE AUSENCIA DE SUAZO CÓRDOVA CREE VACÍO DE PODERES DEL EJECUTIVO

El presidente trabaja más que muchos funcionarios del pasado, solo que el despacho presidencial se ha trasladado a una oficina de la Fuerza Aérea.

El asesor del gabinete económico, Gustavo Alfaro, descartó ayer que exista actualmente un vacío de poder ante la ausencia física del presidente Roberto Sosa Córdoba de casa presidencial, por encontrarse en recuperación de su dolencia cardíaca.

El funcionario indicó que en los últimos días se ha rumorado que se presenta un vacío de poder en el gobierno. Sin embargo, esas versiones provienen de personas con interés ya conocidos.

"Enfáticamente no hay vacío de poder el presidente está ejerciendo plenamente sus funciones constitucionales y los secretarios de estado, como colaboradores del presidente están cumpliendo con su responsabilidades en el área específica de su competencia y el presidente está en contacto permanente con sus ministros, gerentes y presidentes de entes descentralizados y con miembros del alto mando militar", precisó Gustavo Alfaro.

El doctor Suazo Córdoba está "haciendo demasiados esfuerzos por su periodo de convalecencia, pero esto forma parte de su responsabilidad y de su gran cariño por Honduras. El único cambio que se ha registrado en el sistema de funcionamiento del poder ejecutivo consiste en que en vez de estar el presidente en la casa presidencial efectuando su labor, se encuentra atendiendo en su despacho de la Fuerza Aérea Hondureña.

Alfaro sostuvo que el doctor Suazo Córdova no está atendiendo sus funciones como lo venía haciendo en su vida normal, pues laboraba hasta 16 horas continuas, pero "sí trabaja mucho más que la jornada normal de algunos otros funcionarios en el pasado".

(EL HERALDO) 19 de agosto de 1983

LA INTENCIÓN ES QUE COMICIOS SEAN HONESTOS: JOSÉ AZCONA H.

*Será difícil evitar en un cien por ciento las irregularidades, dice.

El ingeniero José Azcona Hoyo presidente del Consejo Central Ejecutivo del Partido Liberal (CCEPL) no descarta que puedan existir irregularidades en el proceso electoral interno del liberalismo programado para el domingo entrante en todo el país.

Aseguró el dirigente liberal que todos los miembros de esta agrupación política obtendrán sus credenciales, incluso, dijo que la cercanías de las urnas se instalarán centros de distribución de carnets, donde se verificará que quienes solicitan esa identificación pertenezcan a las filas liberales.

Señaló Azcona Hoyo que "será difícil evitar en un cien por ciento las irregularidades, porque ellos solo sería posible con un censo completo que abarque listas electorales en cada cantón. Estamos con la intención de realizar el censamiento, Aunque ellos representa una actividad de 2 años de trabajo y no menos de un par de millones de lempiras".

Reiteró el presidente del central ejecutivo que la intención es que se realicen elecciones honestas.

"Hemos procurado que el proceso se desenvuelva en forma limpia, aunque el calor del proceso eleccionario es posible que surjan irregularidades, pero confiamos que los liberales pertenecientes a ambas corrientes harán prevalecer su amor al partido sobre cualquier entusiasmo desmedido que pueda presentarse".

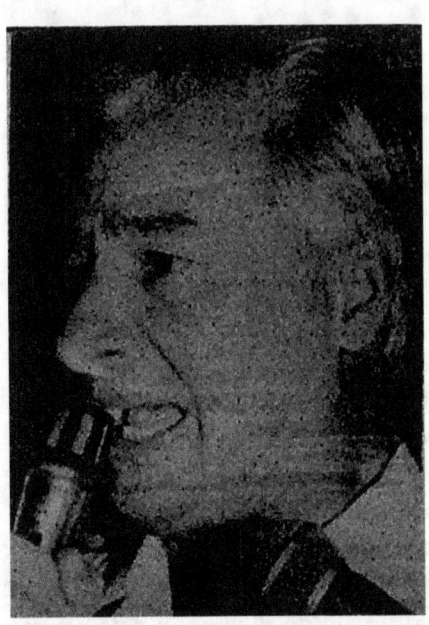

Al referirse a las posibilidades del triunfo de la alianza liberal del pueblo (ALIPO), manifestó que está corriente interna "no tiene mayores posibilidades, salvo en aquellos municipios donde el movimiento liberal Rodista no haya hecho una buena escogencia de las planillas".

17

Indicó que la ALIPO será beneficiada En aquellos municipios donde hay división dentro del Rodismo en cuanto a la escogencia de candidatos a consejos locales. Estimó el dirigente que "hubiera sido preferible que el rodismo realizara asambleas en todos los lugares donde existe oposición a los sectores oficiales de este movimiento".

No obstante, el presidente del CCEPL aseguró que el triunfo del rodismo a nivel nacional es inevitable.

"T.N.E." DA CARPETAZO A IMPUGNACIÓN DE LOS REINA

El Tribunal Nacional de Elecciones (TNE) resolvió ayer abrir a pruebas, por un término de 15 días, la solicitud de impugnación contra la decisión del Consejo central ejecutivo del partido liberal de reconocer como legítima la conferencia de la alianza liberal del pueblo (ALIPO) realizada el 4 de julio en San Pedro Sula.

La impugnación fue presentada la semana pasada ante el máximo organismo electoral, por el secretario general del grupo reinista, abogado Armando Aguilar Cruz.

CARLOS R. REINA

El presidente del tribunal Nacional de elecciones, licenciado Ángel David Reyes, dijo que será hasta dentro de 15 días que se conocerá la resolución de ese organismo.
Reyes se limitó a expresar que en la sesión de ayer el TNE no se había pronunciado por ninguna de las dos ALIPOS.

Reyes no quiso expresar su criterio jurídico en lo relativo a la participación de la ALIPO en las elecciones internas del partido liberal que se producirán mañana.

"En este momento está en el tapete de discusión este asunto. La misma ley me prohíbe dar declaraciones en ese sentido", manifestó el funcionario.

"Lo único que puedo expresar —aseguró el licenciado Reyes — es que se mandó a abrir el asunto a pruebas, porque así lo solicitaron ellos".

La petición que se presentó es que se arrastren pruebas del Consejo central ejecutivo y otros documentos, y la apertura a pruebas — añadió.

Por su lado, el Licenciado Luis Alberto Rubí, Secretario del TNE, declaró que el fallo queda pendiente y que el tribunal resolvió abrir el juicio a pruebas por un término de 15 días.

"Creemos que participará (en las elecciones) la ALIPO que reconoció el consejo central ejecutivo".

—Según el rodista Carlos Roberto Flores Facussé —

CON "PLANILLAS CUESTIONADAS" VAN ALIPISTAS A ELECCIONES LIBERALES

- *Según la resolución del TNE, "esas planillas pudiesen, como no pudiesen tener validez legal".*

El dirigente político liberal rodista y ministro de la presidencia, Carlos Roberto Flores Facussé, dijo ayer que si la alianza liberal del pueblo (ALIPO) participen en las elecciones internas del partido liberal —que se celebran mañana lo hará— "con planillas cuestionadas".

Flores se pronunció así tras enterarse de la resolución del tribunal nacional (TNE) que resolvió abrir un juicio para admitir, las pruebas necesarias y luego pronunciarse por la invalidez o validez de la impugnación presentada por la corriente alipista reinista, en contra de la última convención de la ALIPO en San Pedro Sula, cuyo líder es el liberal Jorge Bueso Arias.

"Nosotros lo que apreciamos de esa resolución —dijo Flores Facussé— es que existe un cuestionamiento del sector ́reinista ́ al sector que dirige Jorge Bueso Arias, y es un cuestionamiento que se eleva al tribunal Nacional de elecciones".

"Lo que creemos es que si la ALIPO va a participar en estas elecciones internas, lo está haciendo con planillas cuestionadas", señaló.

El rodista Flores Facussé explicó que definitivamente el movimiento que jefean los hermanos Jorge Arturo y Carlos Roberto Reina no puede legalmente participar en las elecciones liberales que se practicaran mañana domingo, "puesto que no pertenecen a ninguna corriente de por sí reconocida por los estatutos del Partido Liberal".

Dijo que el "marginamiento" de que han sido objeto Los hermanos Reina "de parte de otros dirigentes de la ALIPO, no les permite participar en el proceso eleccionario interno".

En cuanto a la participación en esa contienda por parte de la fracción alipista que dirige Bueso Arias, el rodista dijo que "las planillas que presenten los que en este momento tienen la ALIPO son planillas cuestionadas ante el tribunal Nacional de elecciones, precisamente por el sector de Carlos Roberto y Jorge Arturo Reina".

"En otras palabras —ratificó Flores Facussé— esas planillas en cualquier momento, de conformidad con lo que disponga el tribunal, pudiesen como no pudiesen tener validez legal".

(EL HERALDO) 20 de agosto de 1983

—Únicamente la ALIPO ha cumplido con el requisito —

RODISTAS AÚN SIN PRESENTAR PLANILLAS POR OLANCHO ANTE EL CENTRAL EJECUTIVO

Solamente la alianza del pueblo (ALIPO) había enviado ayer tarde ante el consejo central ejecutivo planillas de candidatos para los consejos locales, delegados departamentales y convencionales por varios municipios de Olancho.

La fuente consultada refirió que todavía el movimiento liberal rodista, hasta ayer a las cuatro y media de la tarde, no había enviado sus planillas respectivas.

No se pudo establecer el número de planillas presentadas por la ALIPO correspondientes a varios municipios de Olancho, Pero hoy se espera que sean entregadas varias planillas por la misma corriente interna del partido liberal que participarán las elecciones primarias del próximo domingo. El CCEPL, en su circular número cuatro dada a conocer ayer, indica que en algunos consejos locales y Sus consejos han estado colocando sellos de esas entidades a los carnet que ha enviado el máximo organismo del liberalismo.

Se aclara que "son válidos los carnets que llevan el sello y firma del presidente de este consejo central ejecutivo, ingeniero José Azcona Hoyo, y la del secretario de organización y propaganda, Dr. Pompilio Romero Martínez".

El máximo organismo del Partido Liberal espera que este Instituto Político del resultado electoral del próximo domingo "salga fortalecido y demos muestras de que somos liberales y que en las grandes crisis, los liberales nos hermanamos para dar fortaleza a nuestras filas, pensando con altura cívica y sin resentimientos intrascendentes".

Por otro lado se nombró como delegado propietario del CCEPL a Rodrigo Castillo para que asista como tal en las mesas electorales que se instalarán en el departamento del Paraíso, el próximo domingo.

(EL HERALDO) 20 de Agosto de 1983

(ASEGURANDO QUE EL ORGANISMO ACTIVO PARA MONTAR UN FRAUDE)

ORTEZ TURCIOS DENUNCIA ATROPELLOS POR PARTE DE DIRIGENTES RODISTAS

La Alianza Liberal del Pueblo (ALIPO) está lista para participar y ganar las elecciones internas del Partido Liberal, porque el optimismo y el trabajo realizado es enorme, expresó el licenciado Antonio Ortez Turcios.

El dirigente alipista se lamentó que debido al escaso tiempo que tienen de estar en la dirección del movimiento no hayan podido realizar un mejor trabajo, ya que desde que llegaron a la conducción encontraron al grupo con una desorganización total y en poco tiempo han tenido que preparar al movimiento para la jornada electoral del domingo 21.

Ortez Turcios reconoció la labor que ha realizado el central ejecutivo del partido gobernante para que estos comicios sean limpios y se conviertan en una verdadera fiesta cívica de los liberales, en contraposición a la actitud asumida por "algunos dirigentes rodistas que activan para montar un fraude ante la inminente derrota que sufrirán a manos de los alipistas".

El secretario general de la Alipo reconoció que los dirigentes máximos del partido les han entregado cerca de cien mil carnets para ser distribuidos entre sus seguidores, "pero esta cantidad —dijo Ortez Turcios— solo representa el seis por ciento del total de carnets impresos", ya que ellos tienen conocimiento que fueron más de un millón.

DENUNCIAN ATROPELLOS

El declarante dijo que en muchos lugares del país los dirigentes alipistas han sufrido atropellos por parte de los dirigentes y que eso es indicativo del temor a su corriente, ya que sus dirigentes se han alejado de sus bases y ahora ven que no cuentan con respaldo popular y han recurrido a la imposición para mantener su posición política vigente.

Aún con "estas presiones y otras irregularidades", el dirigente elipista aseguró que su corriente no se retirará de las elecciones y brindarán una batalla hasta el final "para que la decencia política tenga expresión todavía en este país"

Turcios informó que su movimiento está preparado para la batalla y que participarán para ello en más de 200 lugares contando hasta el momento con 115 planillas seguras y esperando que este día reciban los nombres de otros lugares.

Según el informante, la dirigencia alipista, ante la división existente en el rodismo, ha solicitado ante el consejo central ejecutivo que se les notifica que 12 horas antes de iniciar los comicios cuáles son las planillas rodistas inscritas, ya que en la mayoría de las ciudades hay dos planillas y los militantes desconocen hasta el momento por quién votarán.

Ortez Turcios pidió a los dirigentes de la Alipo que no fueron reconocidos que cesen su llamamiento a la abstención porque de esta manera están colaborando con los rodistas, a pesar de que a ellos se les acusó de entregar a la Alipo el sector oficial del partido, pero que en la práctica ha sido lo contrario.

Ortez Turcios denunció que en el departamento de Choluteca, el dirigente alipista de San Lorenzo, José María Gutiérrez, fue amenazado de muerte por un líder rodista y que es falso lo aseverado por el diputado Gustavo Simón de que la planilla Alipista de Pespire había renunciado; es más, vaticinó un triunfo de la Alipo en dicho lugar y que por eso el diputado Simón, "al verse derrotado, no ha dado a conocer el lugar dónde estarán las urnas".

(EL HERALDO) 20 de agosto de 1983

Por ser humanos, dice Azcona...
"IMPOSIBLE GARANTIZAR ELECCIONES LIMPIAS"

El presidente del Consejo central ejecutivo del partido liberal, José Azcona del Hoyo, declaró que es muy posible que en las elecciones internas del liberalismo, el próximo domingo, se presenten irregularidades, "ya que como humanos podemos cometer errores".

Expresó que resulta imposible garantizar un proceso electoral limpio en un 100 por ciento, pero se ha hecho llamado a los dirigentes y activistas de las dos corrientes internas, para que apacigüen sus emociones y den un ejemplo de civismo.

Dijo que el partido liberal está consciente de la necesidad de contar con un censo electoral para realizar sus elecciones internas, pero que por los momentos eso no es posible, ya que se necesitan unos dos años para hacer el censamiento de los liberales que existen en el país y además inversión de 2 millones de lempiras.

Azcona dijo que el movimiento Rodista ganará los comicios, pero que es posible que la ALIPO salga beneficiada En aquellos municipios donde hubo mala escogencia de Los candidatos de la planilla rodista.

Señaló que en la escogencia de planilla siempre existe problemas y es imposible quedar bien con todo lo rodistas, "pero en aquellos municipios donde existen dobles planillas y hay inconformidad puede hacer que se favorezca a la ALIPO", apuntó.

Finalmente dijo que durante las últimas semanas se ha estado entregando carnet a todos los liberales sin mirar en qué movimiento militan, anunciando que incluso el mismo día de las elecciones se repartirán cerca de las mesas electorales para que ningún liberal se quede sin votar.

R. CASTILLO DEJA LIBRES A LIBERALES PARA VOTAR

En esta oportunidad deseo aclarar públicamente, que las afirmaciones que me atribuye Diario "La Tribuna" de hoy viernes 19 de agosto, son totalmente falsas.

En dicha publicación que aparece en la página 57, se afirma que estoy instando los liberales rodistas a votar a "favor de las planillas de la ALIPO en aquel departamento de El Paraíso".

Los liberales de la República, y especialmente de dicho departamento, conocen mi conducta y mis esfuerzos por el fortalecimiento de nuestro glorioso Partido Liberal.

Categóricamente quiero dejar constancia de mi posición en esta elecciones internas del domingo 21 de agosto.

Yo he luchado por las bases liberales auténticas de mi departamento, eligiendo las planillas de acuerdo a las disposiciones del Consejo Central Ejecutivo del Partido Liberal, que ha recomendado que se escojan a los mejores liberales, honestos y responsables y en asambleas públicas.

Si estas planillas surgidas por la voluntad popular, no son inscritas, los liberales quedan en libertad de votar por los candidatos o planillas que ellos escojan.

Creo que esta posición es la de un liberal que ha luchado por su partido desde 1957, sin ambiciones personales Y con entrega solidaria los principios democráticos que sustenta nuestro partido, habiéndolo demostrado en las contiendas pasadas que llevaron al poder a nuestro Instituto Político, sino que el pueblo lo juzgue.

Tegucigalpa, D.C., 19 de agosto de 1983.

RODRIGO CASTILLO AGUILAR
Secretario de Asuntos Juveniles, Obreros y
Campesinos del Consejo Central
Ejecutivo del Partido Liberal.

Gómez Cisneros:
COMICIOS DEJARON MUCHO QUE DESEAR

"Parece que los comicios no se efectuaron en la forma como se esperaba, que sería una lucha democrática, libre, imparcial y honesta, sino que hubo denuncias manifiestas de líderes a través de los 18 departamentos del país", dijo el diputado liberal Orlando Gómez Cisneros.

"Parece que en el proceso, pese a que se dice que fue democrático o una fiesta cívica, hubo determinados hechos que dejan mucho que desear en la marcha del partido liberal de Honduras", concluyó Gómez Cisneros.

¿ QUÉ ESPERAN PARA DAR LOS RESULTADOS?

SAN PEDRO SULA.- El Consejo Local Liberal de aquí no conocía ayer el final de la tarde los resultados finales de las elecciones internas del partido liberal en los distintos municipios del departamento de Cortés, según expresó a "TIEMPO" el encargado de esa oficina.

"TIEMPO" se presentó al Consejo Local Liberal a indagar sobre el cómputo final de las elecciones en el departamento de Cortés, pero el encargado de esa oficina dijo que no "tenía conocimiento del asunto y que probablemente los jerarcas rodistas tenían en sus bolsas el cómputo en referencia".

En evidente estado de ebriedad, el encargado de la oficina indicó a "TIEMPO" que probablemente él dirigente rodista Gabriel Aguilar tenía los reportes solicitados en sus bolsas, y que este en ese momento (a las 5 de la tarde) se encontraba "reunido con los de la ALIPO".

HUMORADAS SABATINAS

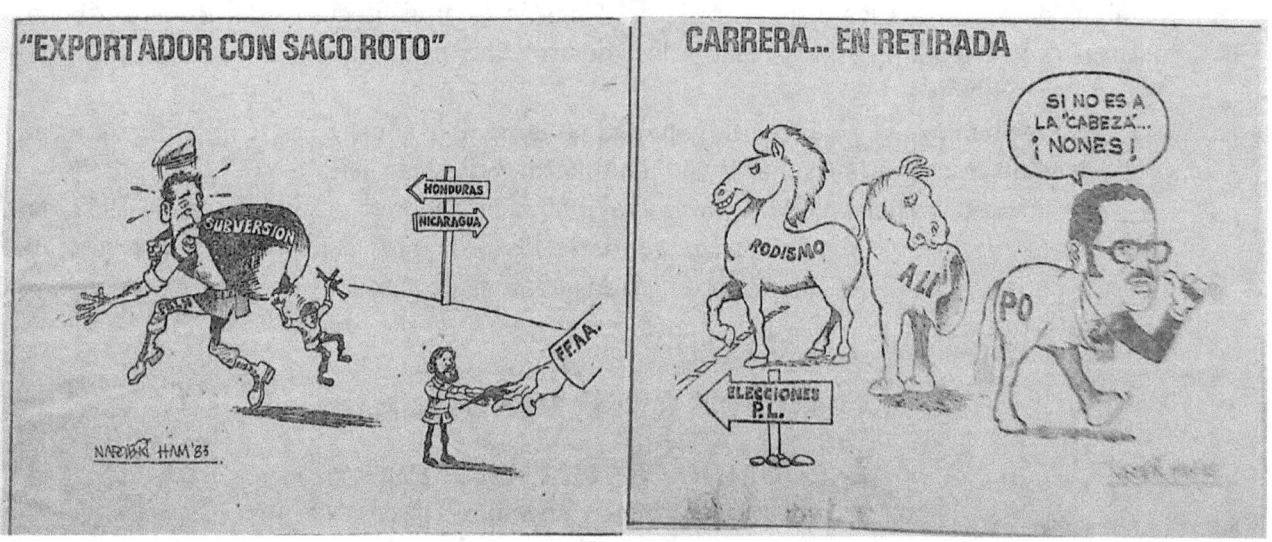

Al tiempo que expresa que está listo para irse de SECOPT:

NO HE COLABORADO CON LA "ALIPO": AZCONA HOYO

José Azcona Hoyo, presidente del Consejo Central Ejecutivo del partido Liberal (CCEPL), dijo ayer que las declaraciones de Tulio Bueso en San Pedro Sula "carecen de base y fundamento", cuando se le criticó por estar parcializado con la Alianza Liberal del Pueblo (ALIPO), de aquella ciudad.

El máximo dirigente del CCEPL agregó que "Bueso cuando pierde los estribos, no sabe lo que dice, pues los carnets fueron distribuidos por el secretario de organización y propaganda, Pompilio Romero Martínez".

"Yo no tuve nada que ver en esa entrega de documento", aseguró.

Azcona dijo que él no escuchó lo expresado por Bueso en una cadena nacional de radio, pero que al conocer la grabación se enteró que lo dicho por él "no es ninguna gravedad", pero que en la próxima sesión del CCEPL "pediré que sea llamado a ese organismo y exprese cuál es la ayuda que yo le di a la ALIPO", advirtió.

24

Aclaró que CCEPL surgió por unanimidad que la responsabilidad del desarrollo de las elecciones internas correspondía a los consejos locales liberales y que solamente en problemas serios los delegados designados actuarían por él CCEPL.

"Creo que así debe de ser porque para eso existen autoridades locales, por eso es que en lugares donde esos miembros de los consejos se negaron a colocar las urnas y a vigilar el proceso, se urgió de la representatividad de los delegados del máximo organismo", indicó.

Sobre el posible desplazamiento de su cargo de SECOPT, que pasaría a manos de Carlos Handal, viceministro de Obras Públicas, dijo que eso dependía de lo que dispusiera el presidente de la república.

"Yo solamente tengo 19 meses de ser funcionario público, ya que me he desempeñado en la empresa privada y no me preocupa porque en lo económico no ha significado nada haber venido a ocupar este alto cargo", señaló.

"Saldré de aquí cuando el presidente de la república así lo estime conveniente, ni más pobre ni más rico, saldré con los haberes que tenía cuando llegué. Pueda que en cuanto a mi condición física sí saldré afectado, pero me queda la enorme satisfacción de haber cumplido con mi deber y defendido los intereses del pueblo; me iré al Congreso Nacional si así ocurriera porque soy diputado Y desde ahí haré también causas de beneficio popular", concluyó.

(LA TRIBUNA) 23 DE AGOSTO DE 1983

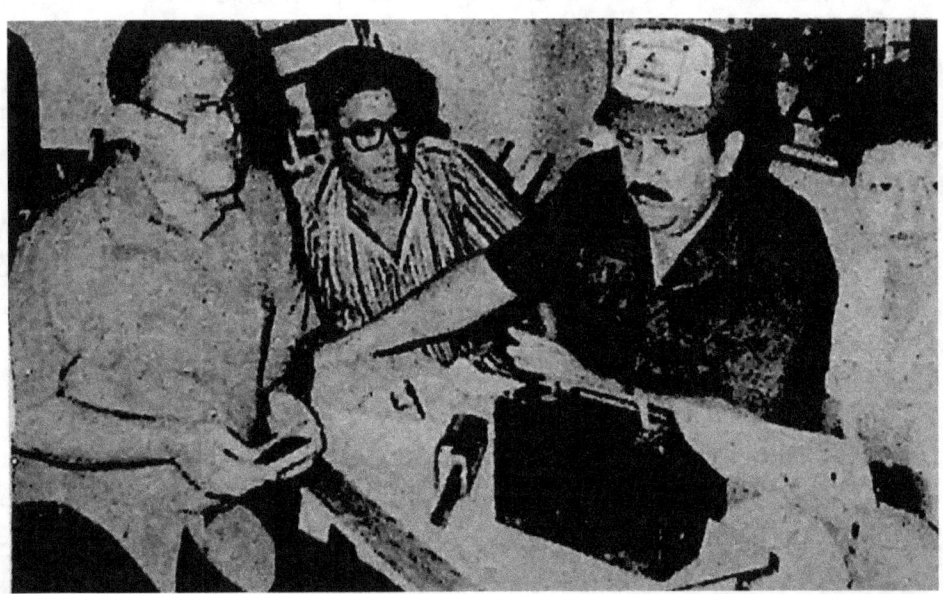

Los dirigentes alipistas Jaime Rosenthal Oliva y José Fernández Guzmán escuchan radio y están atentos al conteo que hace la comisión escrutadora, instalada para tal efecto con el consejo local sampedrano. (Foto Raúl Villalta).

LIBERALES TIENEN MAÑANA SU CITA EN LAS URNAS

TEGUCIGALPA. —El gobernante Partido Liberal celebra mañana sus elecciones internas, caracterizándose este evento político por la gran división que existe entre los propios dirigentes del oficialismo.

Entre los miembros del Movimiento Liberal Rodista (MLR) se ha originado por la imposición de planillas para los 283 consejos locales que se escogerán mañana en todo el país.

De acuerdo a lo manifestado por dirigentes del rodismo, existe el peligro de que el Partido Liberal quede totalmente desarticulado después de estos comicios, pues la división llega al extremo de que han ocurrido "pongas" entre oficialismo y la alianza liberal del pueblo (ALIPO), debido a que los rodistas, a menos de 24 horas para el evento electoral, no han superado sus enormes problemas.

NEO-DISIDENTES

De la forma cómo se celebran mañana las elecciones de los liberales, el partido gobernante quedará unificado para asegurar un segundo periodo de mandato en el país.

Pero también se presenta la enorme posibilidad de que, merced a esas imposiciones de planillas, se ahonde la actual división de la principal corriente.

De esos problemas que para muchos liberales son imposibles de superar a estas alturas, surgirá el principal motivo para que después de las elecciones, destacado dirigentes del realismo se ubiquen en la oposición interna sin que ello signifique que se alinearán con la ALIPO.

Se habla en los círculos políticos sobre la posible ubicación en la oposición dentro del partido liberal, de altos dirigentes rodistas cuyo caudal político fue indispensable para que derrotaran hace dos años al partido nacional y demás partido de la actual oposición.

Entre esos rodistas se mencionaba hasta ayer en forma insistente a Rodrigo Castillo Aguilar en la zona oriental del país, a Juan Fernando López en la Costa Norte, Armando Rosales Peralta, en Olancho; Marcelino Ponce, en Atlántida; Roberto Micheletti, en Yoro; Juan Avelar, en Comayagua; Céleo Arias Moncada, en el sur y un buen número de activistas en la capital de la república.

RENUNCIAS EN EL CCEPL

Los dirigentes liberales de Oriente, que están en contra del movimiento con cabeza los diputados Carlos Rivas García y Alberto Rodríguez Espinoza, han llegado al extremo de asegurar que la imposición de planillas en forma arbitraria podría generar una serie de cambios de autoridades del partido a nivel nacional.

Se habla de la posibilidad de que Rodrigo Castillo renuncie de su cargo en el Consejo Central Ejecutivo del Partido Liberal (CCEPL), y en los círculos políticos se asegura que igual posibilidad analiza el propio presidente José Azcona del Hoyo.

No obstante la gran cantidad de criterios encontrados que existe entre los rodistas hay consenso en el sentido de que para dirimir una vez por todas las numerosas diferencias y la serie de problemas, y evitar así el ahondamiento del actual división, es urgente que la intervención directa del máximo líder del partido liberal y del rodismo, el Doctor Roberto Suazo Córdova.

LA ALIPO EN PAZ

Un dato curioso del acontecer político de los liberales es que la ambición de algunos dirigentes del mismo por conservar el poder llega al extremo de que el oficialismo, por primera vez, se olvidó de pelear con los verdaderos opositores: los alipistas.

Aparte de las denuncias relacionadas con la tardanza de las autoridades liberales para entregar los carnets a los alipistas, ningún otro problema de importancia tuvieron hasta ayer los opositores del oficialismo.

Hasta el momento, los liberales de todo el país siguen a la espera de un llamado a la cordura y la intervención de la más altas autoridades del partido gobernante, para evitar incidentes durante las elecciones internas que se verificarán en toda Honduras.

LÍDERES ALIPISTAS PREVÉN FRAUDE EN ELECCIONES INTERNAS DE MAÑANA

SAN PEDRO SULA. — Los dirigentes de la alianza liberal del pueblo (ALIPO), Jaime Rosenthal Oliva y José Fernández Guzmán, denunciaron aquí, irregularidades en el proceso electoral interno de su partido, que culminará mañana domingo; propiciada por las propias autoridades liberales que pretenden favorecer a la corriente oficial rodista, añadieron.

Manifestaron los líderes alipistas que el consejo local liberal está violentando los reglamentos del partido al no dar a conocer dentro del tiempo estipulado de 48 horas, previo a la realización del evento; las listas de las mesas electorales y los lugares donde estas estarán instaladas, lo que la imposibilita que en la ALIPO nombre su representante ante las urnas en el debido tiempo.

"Tampoco ha querido dar a conocer la plantilla que presentará el rodismo y los carnet de afiliación se les están entregando solamente a los partidarios de dicha corriente aparte de que el recinto del consejo local lo ha convertido en un santuario rudista Pues solo su propaganda se ve por todos lados", señalaron.

"Todo esto indica que estamos a las puertas de otro fraude", indicó Rosental Oliva "y que las urnas que ahora están escondiendo van a aparecer el día de las elecciones pero con votos rodistas adentro. Si es cierto como aseguran ellos, los rodistas, que tienen ventaja sobre nosotros en una proporción de 4 por 1, no tienen por qué esconder urnas y carnets", acotó.

Por su parte, el licenciado Fernández Guzmán, quien integra la planilla de la ALIPO en esta ciudad como delegado propietario a la convención nacional, observó que "cada mesa electoral estará compuesta por un representante de cada corriente y un observador por parte del Consejo local, pero debido a la parcialidad con que ese actúa, este observador se convertirá prácticamente en otro representante del rodismo".

"Por todo esto es que pedimos a nuestros correligionarios alipistas que el domingo cada uno debe convertirse en un centinela de las urnas y obstaculice cualquier intento de fraude y si en alguna de las urnas no hay representantes de nuestra corriente, deben notificarlo inmediatamente a la sede de la ALIPO", agregó.

Finalmente, dijeron nuestros entrevistados, "pedimos al doctor Roberto Suazo Córdova que intervenga como máximo dirigente del Partido Liberal, para que no se produzca el temido fraude ya que esto vendría a dañar la imagen, no solo del partido sino también del gobierno democrático".

"Estamos a las puertas de otro fraude", manifestaron los líderes alipistas, José Fernández Guzmán y Jaime Rosenthal oliva. (Foto Willy Castillo).

"REINISTAS" LLAMAN A LA ABSTENCIÓN

TEGUCIGALPA. Dirigentes de movimiento Liberal Reinista lanzaron ayer un llamado de abstencionismo, a lanzar la supuesta poca representatividad que tienen los nuevos dirigentes de la alianza liberal del pueblo (ALIPO).

Tal campaña contra el proceso democrático interno de los liberales se inició tras conocerse pero oficialmente que el tribunal Nacional de elecciones (TNE), no tomará en consideración el recurso de impugnación presentado por la pasión que respaldan a los hermanos Jorge adjudica los Roberto Reina Idiáquez.

Como se sabe, los "reinistas" presentaron dicho recurso, encaminado a que el TNE anule el reconocimiento que se hizo a la facción de la ALIPO, que dirige Jorge Bueso Arias, Edmond L. Bográn y Jaime Rosental Oliva.

El llamado abstencionista lo comenzaron a formular a través de los foros políticos que ayer realizaron las dos principales cadenas radiales del país y los activistas se desplazaron por barrios y colonias de la capital para tratar de persuadir a los liberales al que no acudan a las urnas mañana.

De acuerdo a lo informado ayer, en definitiva el TNE, no dará trámite a la impugnación de los hermanos Reina.

LIBERALES A ELECCIONES MAÑANA

En esta justa electoral participan las corrientes internas Alianza liberal del pueblo (ALIPO) y movimiento liberal Rodista.

Las elecciones se practicarán en los 18 departamentos de la república, incluyendo el distrito central formado por Tegucigalpa y Comayagüela.

La convocatoria a elecciones fue hecha por el Consejo Central Ejecutivo del Partido Liberal de Honduras (CCE-PL) el 21 de julio anterior.

Hasta ayer, solamente la ALIPO, que preside el licenciado Jorge Bueso Arias, había presentado sus planillas, en tanto que el movimiento liberal rodista enfrentaba serios problemas, pues en muchos municipios tenía hasta tres planillas.

El plazo para presentar las nóminas vence este día a las 12 de la noche, según los estatutos del Partido Liberal.

En el rodismo, los intereses personales han erosionado la unidad del movimiento, y muchos dirigentes optaron, a última hora, integrar las planillas de la ALIPO.

Por su parte, la Alianza Liberal del Pueblo está surgiendo como una gran fuerza, que dará mañana una recia batalla su contrincante.

Fernández Guzmán:

SERIE DE VIOLACIONES COMETEN LOS RODISTAS EN LA ZONA NORTE

SAN PEDRO SULA. El presidente del directorio departamental de la ALIPO en Cortés, abogado José Fernández Guzmán, ha denunciado una serie de violaciones ejecutadas por las autoridades (rodistas) del Partido Liberal en varias comunidades de la zona norte del país, las cuales están encaminadas a que los militantes de aquella corriente política no pueden depositar su voto en los comicios a realizarse mañana

El abogado Fernández Guzmán denuncia que en Quimistán, Santa Bárbara, el consejo local está contra sellando los carnets para confundir al electorado, y que así solo puedan votar los rodistas; en San Francisco de Yojoa, Cortés, el presidente del consejo local, y juez de paz del término, se ha negado a entregar los carnets a todo ciudadano liberal que no milite en el rodismo.

Manifestó que en Villanueva, el diputado Armando Munguía Gómez, en su residencia y a su antojo, distribuye las credenciales únicamente a los rodistas y que igual situación se presenta en San Antonio, donde Miguel Rosales y Miguel Handal (empleados públicos ambos) hacen lo propio.

El dirigente alipista refiere que en Choloma, el diputado Manuel Pagán Lozano y Miguel Ángel Alvarado, director de Correos de San Pedro Sula, tienen en su poder los carnets única y exclusivamente para entregarlos a los rodistas. Y que igual suceden esta ciudad y en la Villa de Cofradía, comunidad en que los rodistas Carlos Arévalo y Ramón Pérez manejan esos documentos.

En otros municipios de Santa Bárbara, como Azacualpa, Ilama, Chinda, Macuelizo, etc., se presenta la misma situación, ante la impasibilidad del Consejo Central Ejecutivo del

Partido Liberal (CCEPL), que no ha tomado ninguna acción concreta para superar el problema.

FERNÁNDEZ GUZMÁN

Juan Fernando López:

"MIENTRAS SEA ALCALDE, VOY A ESTAR LEJOS DE POLÍTICA"

SAN PEDRO SULA.- El alcalde municipal, Juan Fernando López Leiva, reiteró su decisión de mantenerse alejado de la política Mientras esté al frente del alto cargo, que desempeña.

López Leiva dijo que de momento no aspira a cargo alguno dentro del liberalismo, pero reafirmó su apoyo al movimiento rodista, aunque mantiene divergencias con algunos de sus dirigentes.

"Ahorita estoy muy ocupado para pensar en eso", respondió el alcalde de San Pedro Sula, cuando se le preguntó si pretendía aspirar a una diputación cuando finalizara su periodo como alcalde.

Por otro lado informó que desde que llegó la alcaldía ha cancelado 37 millones de lempiras de una deuda de 73 millones que enfrentaba la municipalidad.

Sostiene Efraín Bú Girón

PRODUCTO DE SU TRABAJO PERMANENTE ES TRIUNFO DEL MOVIMIENTO RODISTA

****Opina que no hay razón para la existencia de varias corrientes dentro del Partido Liberal, por lo que todos deben unirse al rodismo.*

El abogado Efraín Bú Girón, presidente del Congreso Nacional y reconocido dirigente político a nivel nacional, fue ponderado en su apreciación sobre el triunfo obtenido por el rodismo el domingo 21 de agosto, cuando se practicaron elecciones internas en el Partido Liberal.

Dijo a EL HERALDO que el proceso electoral para la selección de autoridades locales y delegados a la convención nacional y departamental del Partido Liberal, se llevó a cabo en forma correcta.

"Yo estuve cubriendo algunos lugares del departamento de Santa Bárbara y antes que se verificara el evento electoral hice un llamado fraterno y patriótico llamando a la cordura, comprensión y hermandad liberal, excitándolos para que todos los liberales depositaran sus votos en favor de las fórmulas rodistas, porque es el Movimiento Político que interpreta los anhelos populares, donde se concretiza la aspiración de los grandes mayorías por haber cristalizados muchos proyectos de bienestar social y económico para infinidad de comunidades de la república", señaló.

SI HUBO IRREGULARIDADES, NO FUERON PROVOCADAS POR RODISMO

Bú Girón manifestó que si se produjeron algunos hechos desagradables, "de ninguna manera puede atribuírsele a su gestión a dirigentes ni militantes del Movimiento Liberal Rodista, como tampoco las autoridades de nuestro partido".

Atribuyó tales abusos e irregularidades a algunas intransigencias de los miembros de la Alianza Liberal del Pueblo.

"Sucede que no se sabe perder y cuando se va perdiendo, proliferan los reclamos; todo se ve anormal y se atribuyen cosas inverosímiles que buscan, más que todo, justificar la derrota, salvar la responsabilidad directa en la derrota", agregó.

En algunos lugares, los miembros de la ALIPO llamaron a la fuerza de Seguridad Pública para que interviniera, pero estas no procedieron en ningún momento contra el proceso electoral. Se mantuvieron ecuánimes, respetuosas y velando por el orden público —agregó.

RESOLVAMOS ARMÓNICAMENTE LAS DIFERENCIAS EXISTENTES

Si hay diferencias o puntos de vista divergentes entre las corrientes políticas, afirmó Bú Girón, "es tiempo de conciliar los criterios, de unirnos para ser más fuertes; de fraternizar y comprender que somos amigos y provenimos de un mismo tronco, una misma fuente política, como lo es el Partido Liberal".

"Por naturaleza, los periodistas de EL HERALDO conocen que yo soy eminentemente conciliador. Me gusta ser amigos en lugar de crear animadversión y enemistades políticas, sobre todo con aquellos que son mis correligionarios, con los que compartimos principios y doctrinas, con los que nos identifica una larga militancia en la prolongada lucha política que llevamos a cuestas, siempre con el legítimo orgullo de estar sirviendo a la república y a nuestro partido", expresó.

RODISMO: SUSTENTA LA VERDADERA FILOSOFÍA DEL PARTIDO LIBERAL

Es oportuno proclamar, dijo el presidente del primer Poder del Estado, que yo sigo creyendo de manera firme en el movimiento liberal rodista es la organización política mayoritaria que sustenta la verdadera filosofía del Partido Liberal de Honduras.

Y me parece, además, que el triunfo alcanzado es el justo premio al esfuerzo constante y sostenido de los dirigentes, es el trabajo permanente que su coordinador general, doctor Roberto Suazo Córdova, ha venido realizando con verdadera vocación de servicio.

El movimiento Liberal Rodista, dice Bú Girón, no ha iniciado hoy su trabajo proselitista. Ese camino lo hemos transitado desde hace más de dos décadas en la historia política de Honduras.

Agregó: "Es el producto del trabajo, es el quehacer de todos los días, es la lucha que se forja en el contacto diario con las bases. El rodismo no trabaja ocasionalmente. No es una organización electorera que tan pronto se avecina un evento electoral emprende el trabajo. No, nuestro trabajo es permanente. Nunca cesa. Nunca terminará".

Creo que ya es tiempo, concluyó Bú Girón, de comprender que haríamos mejor todos los liberales bajo el principio de que las minorías deben respetar y sumarse a las mayorías, que todos, olvidando cualesquiera rivalidad o diferencia existente en nuestro partido, nos unamos sólidamente bajo la bandera liberal y tras los postulados del Movimiento Liberal Rodista.

No hay razón para que se mantengan corrientes disidentes. Mejor hagamos un juego político en el que todos podamos debatir en el seno del rodismo los grandes problemas de Honduras y del Partido Liberal, porque todos somos liberales —concluyó diciendo.

EFRAÍN BÚ GIRÓN

Por su bajo volumen de votos —dice Alberto Rodríguez Espinoza.

LOS ALIPISTAS SOLO TRABAJAN CON UN MES ANTES DE LA ELECCIÓN

El rodismo ejercita una nueva dinámica política que se está imponiendo en todos los partidos democráticos de América Latina.

Así lo manifestó el secretario general del Movimiento Liberal Rodista, Alberto Rodríguez Espinoza, responsable directo de la movilización a nivel nacional de la principal corriente política del liberalismo.

Rodríguez Espinoza es del criterio que el recién pasado proceso electoral interno, "viene a fortalecer la democracia en Honduras, porque a pesar de las denuncias que se habían advertido en contra de las elecciones internas, estimo que el liberalismo, en sus bases es disciplinado y sabe que tiene que ejercer el sufragio internamente".

Sólo así haremos prevalecer las ideas que han dejado plasmadas en sus raíces doctrinarias, primero el abogado Modesto Rodas Alvarado, y ahora el Doctor Roberto Suazo Córdova, quien se mantiene sabiamente como coordinador general de la pujante y victoriosa organización interna del Partido Liberal de Honduras —continúo diciendo.

UN TRABAJO PERMANENTE

Rodríguez Espinoza manifiesta que el movimiento rodista en todo el país se mantiene permanentemente activo, prepara sus cuadros y sostiene una comunicación constante y fluida que lo vigoriza con cada prueba a que es sometido.

"No ocurre lo mismo con la gente que está trabajando dentro de la corriente de la ALIPO, ellos trabajan un mes antes de las elecciones, y de ahí su bajo volumen de votos", sentenció.

EL TRIUNFO DE LAS MAYORÍAS

No puede atribuirse a ningún fraude o malabarismo político el resultado electoral del proceso comicial del domingo pasado —afirma Rodríguez Espinoza—. Es el resultante de una nueva dinámica que se está imponiendo en todos los partidos políticos democráticos de América Latina.

"No somos dirigentes de nombre, ni circunstanciales. No trabajamos solo para las grandes eventos comiciales. Estamos permanentemente laborando por la grandez, la unidad y la fortaleza del Partido Liberal en una convergencia de intereses colectivos", sostuvo.

Trabajamos, en primer término, para asegurar el triunfo futuro del liberalismo y por otro, la evidencia que desde las bases de nuestro partido señalan que hay conciencia plena de que es el mejor testimonio de afinidades de sentimientos con quien funge como presidente constitucional de Honduras, doctor Roberto Suazo Córdova, quien siempre se mantiene presente en nuestras luchas como coordinador general del movimiento liberal Rodista —dijo.

RODRÍGUEZ ESPINOZA

33

AUTÉNTICOS PADRES DEL FRAUDE SON LOS DIPUTADOS RODISTAS

SAN PEDRO SULA.- "Se ha comprobado que el fraude del domingo proviene de las pretensiones delirantes de la mayoría de los diputados rodistas que buscan una reelección", acusó ayer aquí el abogado José Fernández Guzmán, presidente por Cortés del directorio departamental de la ALIPO y convencional electo el domingo por esa corriente política.

Según Fernández Guzmán, con esas pretensiones el rodismo se limitó la entrega de carnets a la ALIPO, no dieron a conocer la ubicación de las urnas a su debido tiempo, utilizaron agua colorada en vez de tinta indeleble y usaron "los vehículos y dinero del estado con fines proselitistas".

"Incluso —agregó el convencional— en algunos rumbos del país se apoyaron en elementos de la FUSEP para amedrentar a los alipistas y evitar que ejercieran un derecho que los garantizan la misma constitución".

Indicó que la irresponsabilidad de las autoridades del consejo local liberal llegó al extremo que ayer, a las 03:00 de la tarde, aún no habían levantado el acta correspondiente de los datos parciales en las diferentes urnas colocadas en la ciudad, las que a su entender dieron los resultados siguientes: 28,766 votos para el Movimiento Liberal Rodista y 15,378 para la ALIPO.

FERNÁNDEZ GUZMÁN: "Hay un delirio de reelección".

Para Fernández Guzmán, en los comicios fue notoria la presencia de electores que pertenecían a determinado municipio donde ejercieron el voto y luego trasladados a otros lugares para votar nuevamente; así sucedió en la López Arellano, "una colonia con jurisdicción en Choloma, votó en Choloma y luego la mayoría de sus habitantes fueron traídos por los rodistas para que sufragaran en diferentes urnas en esta ciudad".

El convencional alipista dijo que los rodistas por eso utilizaron "agua colorada en vez de tinta indeleble, porque cargaban disolventes para lavarle los dedos a sus parciales y luego darles la otra disponibilidad de carnet que les habían mandado desde Tegucigalpa los padres del fraude".

"Un vergonzoso resultado electoral de esa manera no es una victoria; es una vergüenza que, desgraciadamente, queda escrita en la historia política de este país. Es una situación que solamente ha servido para exhibir al país internacionalmente, pues también se ha demostrado que el partido gobernante realmente no practica la pregonada democracia", puntualizó Fernández Guzmán.

"En mi condición de convencional por San Pedro Sula, que gané con más de 15 mil votos auténticamente liberales y honestos, trataré de introducir reformas en los estatutos del Partido Liberal, para que desaparezcan las corrientes internas como instituciones permanentes, ya que solo han venido a causar profundas divisiones. También los partidos deben estar manejados por los mejores hombres con que cuenta esta institución", Fernández Guzmán.

(Víctor Ramírez Isaula).

SUAZO CÓRDOVA ME ENTREGÓ PERSONALMENTE LAS PLANILLAS RODISTAS: BUESO PEÑALBA

TEGUCIGALPA. (Por Andrés Torres, hijo). Frente a la serie acusaciones en contra del secretario general del Consejo Central Ejecutivo del Partido Liberal de haber hecho contubernio con Rodríguez Espinosa en la descripción de las planillas rodistas, Romualdo Bueso Peñalba asegura que él recibió de las propias manos del Doctor Roberto Suazo Córdova las planillas.

"Yo me concreté únicamente a recibir las planillas que el coordinador general del Movimiento Liberal Rodista, doctor Suazo Córdova, me entregó. Yo me presente a la Fuerza Aérea el sábado a las 8 de la noche, porque él (Suazo Córdova) me mandó a llamar. Allí me entregó personalmente las planillas para que yo las inscribiera en el Consejo Central", relató.

LLAMADA PRESIDENCIAL

Opina Bueso Peñalba que él no podía dejar de atender el llamado del presidente. "¿Quién es aquel —se pregunta — que siendo llamado por el señor presidente no acude a su despacho?".

Luego agrega que fue el mismo doctor Suazo Córdova quien le pidió que en vista de relajo prevaleciente esa noche el sábado 20 en el Central Ejecutivo, que sacara la fotocopia de las planillas que recibía para ser inscritas, y que los originales los guardara en una caja fuerte para evitar que fueran quemados o que se hiciera mal uso de ellos.

"Allí, en el Central Ejecutivo —asegura Bueso Peñalba— estaban bebiendo y había hombres armados Que prácticamente se habían tomado las oficinas. Ahí ameritaba la llegada de la autoridad, porque ya no parecía el Consejo sino un grupo de personas en actitud de presión y amenazas a muerte".

LLEGAR AL CENTRAL EJECUTIVO

"Despúes de cumplir con las instrucciones del señor presidente constitucional —recuerda Romualdo Bueso Peñalba— me dirigí al Central Ejecutivo a darle cuenta al presidente Azcona de cómo habían sucedido las cosas y que las planillas ya estaban inscritas. No ha habido, pues, ninguna irregularidad".

Manifiesta Bueso Peñalba que al momento de recibir las planillas de manos del doctor Suazo Córdoba se encontraba con él el profesor Rodríguez Espinoza.

"Soy un hombre honrado, no me presto para jugar astucias y creo que tampoco el presidente me las iba a proponer", acota Bueso Peñalba.

Aclara nuestra entrevistado que el directorio central del movimiento liberal rodista sí se reunió para conocer de las planillas.

"Seis miembros de ese directorio celebraron sesión con el doctor Suazo Córdova. Únicamente dos no estaban presentes, de ahí que su resoluciones son válidas", opinó.

Remitiéndose al estatuto en Central Ejecutivo, Bueso Peñalba advierte que dicho consejo no tiene poderes para reformar planillas de ninguno de los frentes internos.

"Así lo establece el artículo 30, inciso 30, de los estatutos del Partido liberal. El Central Ejecutivo solo puede rechazar nombres cuando pertenecen a otros partidos políticos. Nuestro deber es inscribirlas y nada más".

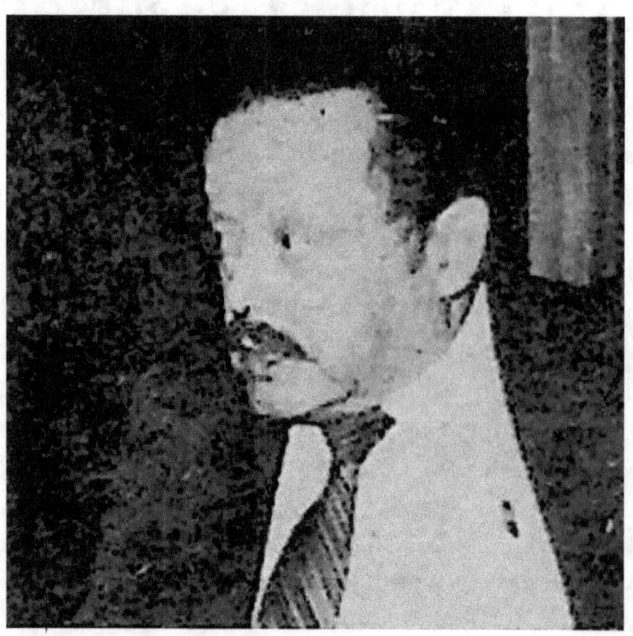

"No quise llegar temprano para no encontrarme con bolos".

INTEGRAN EN TEGUCIGALPA LA ASOCIACIÓN DE RODISTAS DE SANTA BÁRBARA

TEGUCIGALPA. Recientemente se integró en esta ciudad la asociación de liberales rodistas del departamento de Santa Bárbara, con el fin de buscar la unión de todos los seguidores de esta facción del partido liberal de Honduras.

La mencionada asociación tendrá jurisdicción en los sectores de los municipios de San Francisco de Ojuera, Concepción del Sur, Ceguaca y San Pedro Zacapa.

Los liberales brindarán su apoyo a los respectivos consejos locales liberales y se preocuparán por buscar el adelanto material, cívico y moral de la zona referidas.

La directiva quedó integrada así:

1. **Presidente:** Óscar Rolando Leiva.
2. **Secretario General:** Adalberto Antonio Andrade.
3. **Secretario de Propaganda:** Juan Ángel Sabillón.
4. **Tesorero:** James Williams Jiménez.
5. **Fiscal:** Héctor Bardales;.
6. **Vocales en su orden:** Antonio Bueso, James Alan López, José Godofredo Mejía y Ramón Antonio Leiva.
7. **Asesores:** Alexis Zúniga Alemán, Marco Tulio Trejo, Renán Guzmán, Marco Antonio y Wilfredo Ardón Fajardo.

ESCANDALOSO FRAUDE EN COPÁN

- *Consejo Local de Santa Rosa hasta noche no tenía el "cómputo final" de votos*
- *Allá también votaron menores de edad.*

SANTA ROSA, Copán. Un escandaloso frase constituyeron aquí las elecciones internas del Partido Liberal de Honduras, celebradas el domingo anterior, y cuyos resultados aún anoche, las autoridades del Consejo Local no habían hecho públicos, supuestamente por lo inflado de la cifra, la cual podría superar el número de la militancia del oficialismo rodista.

A que ocurrieron serias irregularidades, empezando porque los rodistas trajeron camionadas de gente de las comunidades de Talgua y el Higuito, en Lempira, así como de otras localizadas en las cercanías de Gracias, incurriendo en la llamada "rotación en las urnas", o sea, votar en cuantas se pueda hacer.

Además, en varias mesas electorales localizadas tanto como en el casco urbano como en comunidades aledañas fueron vistos votando hasta menores de 15 años, lo mismo que ocurrió en El Progreso, Yoro, (TIEMPO, 22/8/83), influenciado por los rodistas.

El liberalismo copaneco se sintió frustrado y avergonzado ante la actitud de los publicistas del "Gobierno de la revolución del trabajo y la honestidad", porque es una situación que se presenta por primera vez en la historia política de la sultana de Occidente.

Como Si eso fuera poco, la gente foránea traída por los rodistas, integrados en una turba que llamaron "caravana del triunfo2, destruyeron los adornos colocados por el comité de la feria patronal que se inició ese día y concluirá el último del presente mes.

Por lo demás, aquí no hubo ausentismo; lo que sí hubo fue una defraudación de la militancia honrada del Partido Liberal por culpa del oficialismo; y, afortunadamente, la ecuanimidad de la ciudadanía evitó acciones violentas y proclives a generar una batalla campal.

Cruz Torres:

"SI DENUNCIAS SON CIERTAS, SE ENTORPECERÍA PROCESO DE 1985"

"Cada partido político tiene que velar por su propia salud, y los mejores jueces serán los que fueron protagonistas del proceso electoral".

Esta es la opinión que vertió el presidente del Comité Central del Partido Nacional de Honduras (PN) abogado Nicolás Cruz Torres, sobre las elecciones internas del Partido Liberal, realizadas el domingo anterior.

"Nosotros, como observadores —apuntó Cruz Torres— lo único que deseamos es que los partidos políticos resuelvan por sí mismos sus problemas internos y que sean los sectores eminentemente cívicos los que tracen esas transformaciones necesarias dentro de la dirigencia de los institutos políticos".

"Es lógico que este proceso electoral tiene que ser objeto de análisis por parte nuestra, con miras a tomar las precauciones debidas, a fin de que las elecciones de 1985 no sean un reflejo de las denuncias que ahora se han hecho", señaló Cruz Torres.

Dijo que si las denuncias son ciertas "es peligroso, y eso naturalmente entorpecería un proceso democrático correcto en 1985".

"ELECCIONES LIBERALES PRESAGIAN LO QUE SUCEDERÁ EN 1985": EFRAÍN DÍAZ ARRIVILLAGA

"El proceso electoral que vivieron los liberales el domingo fue un proceso desfigurado totalmente", opinó el diputado único de la Democracia cristiana (DC), licenciado Efraín Díaz Arrivillaga

"Es preocupante que a estas alturas del siglo puedan experimentarse hechos tan lamentables como fueron las elecciones internas del partido liberal", dijo.

Enseguida añadió que "eso (el fraude) desfigura totalmente el sentido de una consulta popular y tampoco refleja las aspiraciones de un sector del pueblo Hondureño que está agrupado en el Partido Liberal".

"Yo creo que esa es más bien una burla para el proceso democrático y, al mismo tiempo, hay razón para creer que ha habido apatía e indiferencia, y nos pone a pensar aún más el hecho de que eso puede presagiar lo que puede suceder en 1985. Y si así fuera pienso que definitivamente nuestra frágil democracia estaría más en precario", argumentó Diaz Arrivillaga.

"No puedo más que pensar que quienes concibieron ese proceso tienen una actitud antidemocrática y no puede ser el reflejo de personas que realmente puedan llamarse demócratas", concluyó el diputado de la D.C.

NO FUE EL ALCALDE NI PINECO QUIENES PROTAGONIZARON EL ASALTO A LA URNA 36

SAN PEDRO SULA. —El ingeniero Juan Fernando López y Miguel Ángel Pineda No tuvieron nada que ver con el asalto a la urna 36 del Barrio La granja el pasado domingo, dijo ayer a "TIEMPO" la activista de la alianza liberal del pueblo (ALIPO) María de la paz de Hepburn.

JUAN F. LÓPEZ

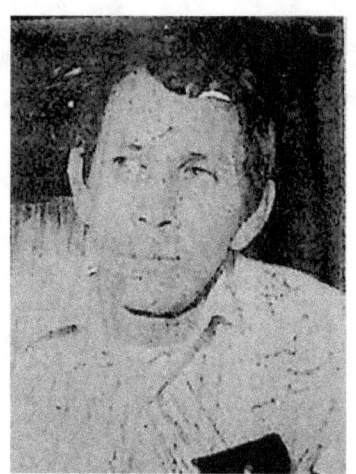

PINECO

La declarante manifestó que "unos chamberos que activan para el rodismo fueron los responsables de la situación que se produjo a la 1:30 de la tarde, cuando se enteraron de que en la una mencionada la llevaban perdida".

La señora de Hepburn, quién afirmó hacer la aclaración en honor a la verdad, y no por alguna otra razón, dijo que quienes ejecutaron la acción eran dirigidos por un sujeto que anteriormente trabajó en el Instituto Nacional Agrario (INA), a quien también responsabilizó de haber hecho disparos con su arma de fuego, y haber tirado la urna y los votos al suelo.

Agregó que al momento de producirse el bochornoso suceso, la ALIPO tenía 640 votos y 275 el rodismo los que fueron contados ahí en presencia de López y Pineda, Quién es más bien mediaron en la situación para que la turba de sus activistas cejara en sus propósitos.

Una prueba más del fraude:

HASTA CACHURECOS INTEGRARON MESAS ELECTORALES EL DOMINGO

En esta gráfica que reproducimos de la edición de diario "La Tribuna" del 22 de agosto, se muestra la señora Ninfa Mineros en la tarea de contar los votos liberales de las elecciones internas del domingo anterior.

La señora Ninfa Mineros aparece como si fuera miembro del Partido Liberal, y activista del rodismo, cuando en realidad ha sido hasta unos meses atrás una fanática cachureca ni en representación del Partido Nacional integró las mesas electorales durante las elecciones del 20 de abril de 1980 y 29 de noviembre de 1981, en la colonia Kennedy de Tegucigalpa.

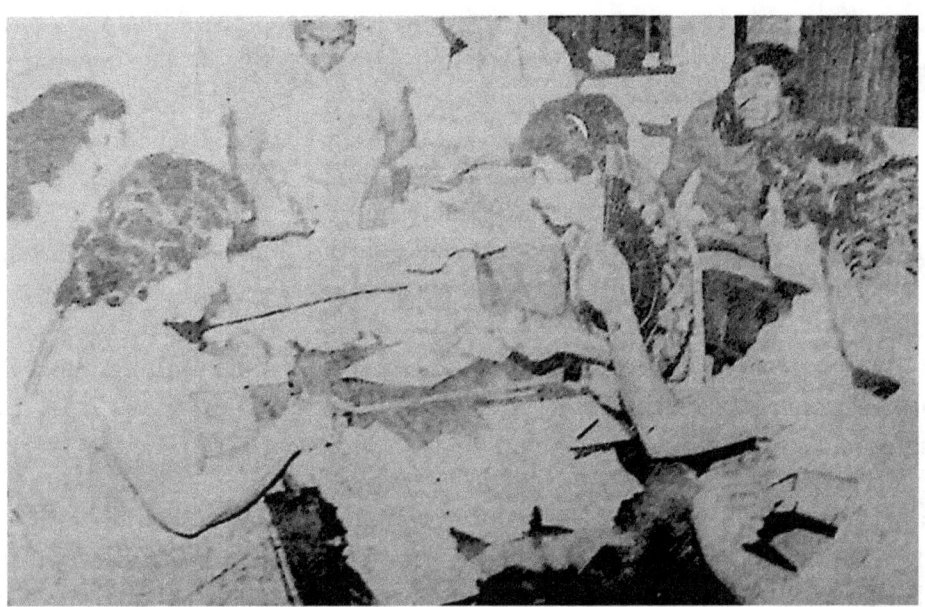

Ninfa Mineros, activista del MLR, es vista realizando el recuento de votos recogidos en las urnas de Comayagüela y que dieron el triunfo arrollador a la planilla encabezada por Gloria Mejía de Jalil. (Foto Mario Fajardo).

PARA LA HISTORIA POLÍTICA DE HONDURAS

SUAZO CÓRDOVA ME ENTREGÓ PERSONALMENTE LAS PLANILLAS RODISTAS: BUESO PEÑALBA

TEGUCIGALPA (por Andrés Torres, hijo). Frente a la serie acusaciones en contra del secretario general del Consejo Central Ejecutivo del Partido Liberal —de haber hecho contubernio con Rodríguez Espinoza— en la inscripción de las planillas rodistas, Romualdo Bueso Peñalva asegura que él recibió de las propias manos del Doctor Roberto Suazo Córdova las planillas precitadas.

"Yo me concreté únicamente a recibir la ciudadanías que el coordinador general del Movimiento Liberal Rodista, doctor Suazo Córdova, me entregó. Yo me presenté a la fuerza aérea el sábado, a las 8 de la noche, porque él (Suazo Córdova) me mandó a llamar. Ahí me entregó personalmente las planillas para que yo la inscribiera en el consejo central".

LLAMADA PRESIDENCIAL
Opina Bueso Peñalba que él no podía dejar de atender el llamado del presidente. "¿Quién es aquel —se pregunta— que siendo llamado por el señor presidente no acude a su despacho?".

Luego agrega que fue el mismo doctor Suazo Córdoba quién le pidió que en vista del relajo prevaleciente esa noche el sábado 20 en el Central Ejecutivo, sacar las fotocopias de las planillas que recibía para ser inscritas, y que los originales los guardara en una caja fuerte para evitar que fueran quemados o se hiciera mal uso de ellos.

"Allí, en el Central Ejecutivo —asegura Bueso Peñalba— estaban bebiendo y había hombres armados q ue prácticamente se habían tomado las oficinas. Ahí ameritaba la llegada de la autoridad, porque ya no parecía el consejo sino un grupo de personas en actitud de presión y amenazas a muerte".

LLEGADA AL CENTRAL EJECUTIVO

"Después de cumplir con las instrucciones del señor presidente constitucional --recuerda RBP-- me dirigí al central ejecutivo a darle cuenta al presidente Azcona de cómo habían sucedido las cosas y que las planillas ya estaban inscritas. No ha habido, pues, ninguna irregularidad".

Manifiesta Bueso Peñalba que al momento de recibir las planillas de mano del doctor Suazo Córdova se encontraba con él, el profesor Rodríguez Espinoza.

"Soy un hombre honrado, no me presto para jugadas turbias y creo que tampoco el presidente me las iba a proponer", acotó RMB.

Aclara nuestro entrevistado que el directorio central del movimiento liberal rodista sí se reunió para conocer de las planillas. "Seis miembros de ese directorio celebraron sesión con el doctor Suazo Córdova. Únicamente dos no estaban presentes, de ahí que sus resoluciones son válidas".

Remitiéndose al estatuto de Central ejecutivo, Bueso Peñalva advierte que dicho consejo no tiene poderes para reformar planillas de Ninguno de los frentes internos.

"Así lo establece el artículo 30 inciso 30, de los estatutos del partido liberal. El central ejecutivo sólo puede rechazar nombres cuando pertenecen a otros partidos políticos. Nuestro deber es inscribirlas y nada más".

(LA PRENSA) 23 de agosto de 1983

NO HABRÁ "PURGAS" ENTRE DIRIGENTE RODISTAS

TEGUCIGALPA. El secretario general del Consejo Central Ejecutivo del Partido Liberal (CCEPL), Romualdo Bueso Peñalva, hizo un amplio análisis sobre la actual situación que viven los liberales y descartó la posibilidad de que se produzcan "purgas" de dirigentes del rodismo.

Hueso Peñalba insistió en que no habrá expulsiones ni marginamiento para que ellos dirigentes liberales que han lanzado fuertes críticas por la forma como el oficialismo manejó el domingo anterior las elecciones internas del partido liberal.

Sin embargo, reconoció que se produjeron y existen discrepancias entre el presidente del CCEPL, del ingeniero José Azcona del Hoyo y el secretario del Movimiento Liberal Rodista, Alberto Rodríguez Espinoza.

"En el Partido Liberal —opinó— no hay crisis, ya que lo que realmente sucede es que después de un proceso electoral no todos quedan satisfechos Especialmente cuando se pierde".

"Siempre quedan unos resentidos que deben comprender que en un proceso electoral unos tienen que ganar y otros perder. Pero quiero insistir en que somos un partido demócrata donde no se practican las purgas, pues estas solo se ven en los partidos comunistas", enfatizó.

AZCONA FIRME EN SECOPT

Consultando sobre las presiones de que es objeto el ingeniero Azcona y de la posibilidad de su retiro como ministro de Comunicaciones, Obras Públicas y Transporte, por haber entrado en polémicas con otros líderes rodistas, expresó que en ningún momento se ha querido condicionar la posición del funcionario.

Sostuvo que debido a la enorme especulación existente en los círculos políticos, es que se han llegado a asegurar que Azcona del Hoyo fue víctima de una serie de maniobras políticas Durante los pasados comicios internos de los liberales.

"Es completamente falso que existen intrigas para retirar a Azcona del Hoyo de la presidencia del Central Ejecutivo y el Ministerio de Comunicaciones. Nadie lo quiere quitar porque la convención le eligió y en cuanto a su cargo público, creo que es uno de los mejores ministros que tiene el gobierno y lo que sucede es que es muy temperamental", señaló Romualdo Bueso.

El dirigentes del Partido Liberal insistió que a estas alturas nadie puede negar que el presidente del CCEPL es un eficiente funcionario público y no se tomarán represalias en su contra como se asegura.

Además, atribuyó tal situación al hecho de que Azcona se siente bastante defraudado por los resultados electorales del domingo anterior.

AZCONA SIGUE VIGENTE

Ante la serie de situaciones, al parecer adversas a la carrera política del ingeniero Azcona, Bueso Peñalva aseguró que ellos no debía interpretarse como el acabose del primero como líder del partido liberal Pues en este campo nunca se sabe cuándo una persona está terminada y tampoco se puede vaticinar cuando subiera al pináculo.

BUESO PEÑALBA

"Definitivamente —señaló— no existe ninguna argolla en su contra".

Por lo menos, en el Central Ejecutivo puede asegurar que nadie está en su contra y en lo particular no tengo ninguna ambición o deseo de perjudicar a nadie, pues estoy solo para trabajar por mi partido".

Las bases liberales permanecen unidas alrededor de los ideales del partido y son las que con sus votos dan las grandes victorias electorales sin preguntar si existe pleito a nivel de la cúpula. Definitivamente no hay crisis sino una discrepancia —concluyó diciendo Romualdo Bueso Peñalba.

Zelaya de Elvir

DIFERENCIAS DE LIBERALISMO SON A NIVEL DE DIRIGENCIAS

SAN PEDRO SULA. —Un trabajo "intenso y agotador" fue para la secretaría general del Consejo Departamental Liberal de Cortés, Margarita Zelaya de Elvir, la preparación y realización de las elecciones internas del Partido Liberal.

"Con todo, los resultados han sido positivos pues no hubo grandes incidentes que lamentar, sino pequeñas cosas que podrían calificarse como normales dentro de un evento de esta magnitud; aunque es de lamentar que hayan tenido lugar entre personas profesionales y supuestamente mejor formadas...", añade.

Indica que los resultados obtenidos en el proceso son similares a los del año anterior, con relación al municipio de San Pedro Sula, aunque se observa una baja, pero ello es debido a que los habitantes que ahora pertenecen al Nuevo Municipio de La lima, no votaron en la comprensión municipal de San Pedro Sula.

"Pero en términos generales los resultados reflejan que el movimiento liberal rodista cuenta definitivamente con el apoyo de las bases del partido, y dan a entender también que el pueblo respalda el gobierno constitucional del Doctor Roberto Suazo Córdova, y con ello a la paz, tranquilidad y la democracia en que estamos viviendo todos los hondureños", manifiesta.

"Algunas personas hablan de fraude, pero en verdad no ha existido nada de eso, se presentaron algunas irregularidades, pero son cosas que escapan a cualquier control y que bien pueden dar en una como a otra corriente. Lo que puedo asegurar que tales irregularidades no incidieron en el resultado y que el movimiento liberal rodista ganó porque tiene mayor aceptación", señaló.

Señala que lo importante de estas contiendas es la unión que pueda lograrse en las instituciones.

Aunque a nivel de base el Partido Liberal siempre ha estado unido y la divergencia se presentan entre los dirigentes, pero ello es propio del juego democrático, donde las ideas son diferentes, pero todo ello tiene solución y en busca de ella debemos encaminarnos —aseguró Zelaya de Elvir.

Para la dirigente, el respaldo que el pueblo ofreció al gobierno es un aspecto favorable a nivel internacional, ya que ello ayuda a mejorar nuestra imagen, pues demuestra que el pueblo participa en el proceso con entusiasmo.

Mi relación al triunfo de Miguel Ángel Pineda Cardona (PINECO), dice que es "muy significativo; y él tiene todo el apoyo tanto de las bases como de los demás dirigentes; que no crean los electores para el consejo local que solo ellos van a trabajar, pues todos estaremos a su alrededor para brindarles la colaboración que requieren en cualquier momento".

Al final la secretaria general del Consejo Departamental pidió a las bases del Partido Liberal a salir a apoyar a las autoridades constituidas y decir presente cada vez que su intervención se reclame.

—Empiezan a abrirse "profundas heridas" en el rodismo—

PRESIDENTE DEL CENTRAL EJECUTIVO DEL P.L. DICE SENTIRSE "AMENAZADO"

- *El ingeniero José Azcona argumenta que "las elecciones internas del liberalismo efectuadas el domingo anterior a nivel nacional no han ocasionado división de ese Instituto Político, pero sí fuertes heridas en el Movimiento Liberal Rodista"*
- *A pesar de todo, el ministro de Secopt sostiene que está tranquilo*

El presidente del Consejo Central Ejecutivo del Partido Liberal (CCEPL) y ministro de Comunicaciones, Obras Públicas y Transporte, José Azcona del Hoyo, dijo sentirse "amenazado" con ser separado de la cartera estatal, cuando ayer padecían brotar "profundas heridas" dentro del Movimiento Liberal Rodista, a raíz de las elecciones internas practicadas el domingo anterior.

A pesar del rumor "entre políticos", Azcona Hoyo se refirió al comentario arguyendo que "Estoy sumamente tranquilo. Posiblemente salga un poco peor de salud, pero saldré con la enorme reputación de haber cumplido con mi deber y de haber defendido los intereses del pueblo".

Los diversos roces registrados entre los militantes del movimiento liberal rodista son culpa de los miembros del directorio de esa corriente por no haber tomado decisiones a tiempo sobre la integración de las planillas respectivas,

Según el presidente del CCE, José Azcona del Hoyo "Estos roces yo se los achaco especialmente al directorio del Movimiento Liberal Rodista qué, por no haber sesionado con suficiente tiempo y a ver compatibilizado las pretensiones, las ambiciones o las pretensiones legítimas de los líderes para figurar en las planillas, dejó hasta última hora la conformación de muchas planillas, sobre todo en aquellos departamentos conflictivos, como en el caso de El Paraíso y el caso de Comayagua".

Deja constancia José Azcona Hoyo que está en desacuerdo con dicha situación, ejemplificando que él es dirigente del departamento de Francisco Morazán y "nadie me va a quitar ese derecho; pero es como dirigente de este departamento, no como presidente el Central Ejecutivo".

Continúa diciendo que "Yo no sabía las planillas que se iban a inscribir por este departamento faltando diez minutos para las doce de la noche, eso lo considero una falta de respeto a los dirigentes del Movimiento Liberal Rodista entre los cuales me incluyo con mucho derecho".

NO RENUNCIARÉ A LA PRESIDENCIA DEL CCE

Ante la serie de acusaciones que les han hecho de propiciar la normalidades en el proceso electoral del domingo anterior, por parte de algunos "dirigentes rodistas interesados en opacar mi imagen y perjudicarme ante la masa liberal en el futuro político del liberalismo", José Azcona Hoyo descartó la versión circulante de que renunciará a su cargo.

Él mismo precisó que no renunciará de la presidencia del Consejo Central Ejecutivo "aunque hubiera algún tipo de divergencia con los demás miembros de ese consejo, porque a mí no me pusieron ellos en el central ejecutivo, sino que me puso una gran convención del Partido Liberal".

En esa convención efectuada hace pocos meses, 271 convencionales (de 284) votaron a favor de José Azcona para elegirlo como presidente del CCE. Ningún presidente el máximo organismo del Partido Liberal del había sido elegido con un margen tan alto de votos como el que presidió o seas con la gran convicción liberal del presente año.

"De ninguna manera yo voy a defender el liberalismo de Honduras retirándome de esa honrosa posición que me asignó", dijo.

José Azcona Hoyo, presidente del CCEPL y ministro de SECOPT, dijo ayer sentirse "amenazado" con ser separado de la cartera estatal, acción que podría ser motivada por las "fuertes heridas" sufridas por el MLR.

EL PARTIDO NO SE HA DIVIDIDO PERO SÍ HA DEJADO FUERTES HERIDAS EN EL RODISMO

El presidente del Consejo Central Ejecutivo del Partido Liberal estima que "las elecciones internas efectuadas el domingo anterior a nivel nacional, no han ocasionado división del liberalismo, pero sí fuertes heridas en el movimiento liberal rodista".

Por otro lado, indicó que actualmente se siente "presionado" por dejar el cargo de ministro de Comunicaciones, Obras Públicas y Transporte pero que no pretende renunciar del mismo.

Pero Azcona reconoció que el Doctor Roberto Suazo Córdova podrá retirarlo de dicho cargo, siempre que así lo desee el mandatario, pues él lo escogió para acompañarle en su gabinete de gobierno.

Se percibió que existen desavenencias entre el presidente del Consejo Central Ejecutivo del Partido Liberal con algunos correligionarios que pretenden opacar su figura política, especialmente al haberse registrado normalidades en algunos municipios del país por la participación de algunos diputados que buscaron a como diera lugar, la elección de su simpatizantes.

FRAUDE MONSTRUOSO

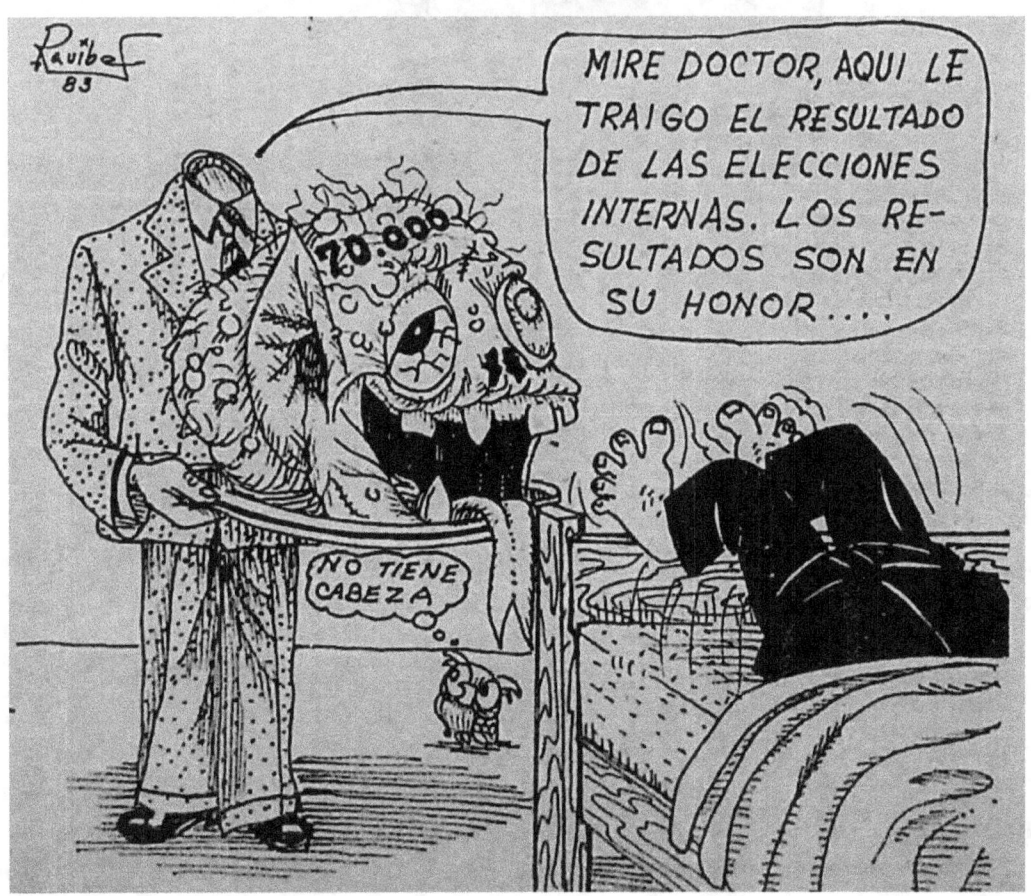

47

¡AMENAZADO AZCONA HOYO!

El presidente del Consejo Central Ejecutivo del Partido Liberal y ministro de Comunicaciones, José Azcona Hoyo, declaró ayer que debido a diversas presiones se siente "amenazado" con ser separado de su cargo ministerial, a la vez que el puesto político, afirmando que "en ningún momento renunciaré del cargo en el central ejecutivo porque fui electo por la voluntad de la convención liberal".

A la vez, refiriéndose a las recién pasadas elecciones internas del liberalismo, dijo que esos comicios "de ninguna manera han dividido el partido, Aunque sí ha abierto profundas heridas en el Movimiento Liberal Rodista". (Foto Archivo). Inf. Pág. 2.

INSALVABLE LA DIVISIÓN DE LOS RODISTAS EN CHOLUTECA

CHOLUTECA. La división en el Movimiento Liberal Rodista (MLR) en esta ciudad es tal, que esta corriente participó con dos planillas contra la única que presentó la Alianza Liberal del Pueblo (ALIPO).

Y ahora parece que la situación al interior del rodismo es insalvable.

La nómina oficialista, encabezada por el licenciado Antonio Benítez, y la disidente, presidida por el doctor Mauricio Mendoza Portillo, participaron en las elecciones sin estar inscritas en el Consejo Central Ejecutivo del Partido Liberal.

Las acusaciones de fraude entre ambas facciones rodistas fueron notorias y se han incrementado en las últimas horas, pero la planilla oficialista fue acusada también por la ALIPO de estar "cometiendo un fraude descarado".

Es de recalcar que los habitantes liberales de Choluteca no demostraron suficiente entusiasmo por participar en los comicios. Las calles de esta ciudad lucían solitarias, y apenas se observaban pequeños grupos frente a las urnas que estaban instaladas en diferentes partes.

El doctor Mendoza dijo que las elecciones internas del Partido Liberal "no fueron limpias como lo deseamos. Existieron algunos incidentes lamentables, que suceden siempre dentro de los liberales; tenemos algunos correligionarios que trataron de imponerse en las urnas, y llevaron gente a votar por segunda vez a otras mesas".

Denunció que los seguidores de la planilla oficialista se las ingeniaron para conseguir carnet de demás y dárselos a los electores, para que votaran nuevamente, una vez que se quitaran la tinta empleada para marcar a los que ejercían el sufragio.

Asimismo, calificó de "vergonzoso y muy bajo" al doctor Víctor Soriano Pizzatti, quien es miembro del directorio local rodista, pues "se quitó su investidura de profesional para transportar a personas que se prestaban a votar por segunda vez".

El doctor Mendoza acusó igualmente al diputado Gustavo Simón Núñez de "presionar a los electores para que votaran por la planilla oficialista, que aún con todo el fraude montado no podrá ganarnos, porque nosotros estamos respaldados por las bases".

Además de asegurar El Triunfo de la planilla por él encabezada, el doctor Mendoza dijo que el Consejo Central Ejecutivo del Partido Liberal "no vacilará en reconocer la fórmula nuestra como la única, ya que es la que tiene todo el calor Popular de los liberales de esta ciudad".

Asimismo, denunció que el oficialismo estaba echando mano de los pocos recursos que le quedaban para que en todos los municipios y aldeas (como en Linaca) hubiera resultados en lo que hubo votos triplicados en relación a los habitantes.

"Tenemos casos en las cuales muchas personas votaron hasta siete veces a favor de la planilla de Benítez, pero aún así nosotros resultaremos triunfantes", concluyó señalando el doctor Mauricio Mendoza Portillo.

MONTARON UN FRAUDE BÁRBARO

Por su parte, el diputado Simón Núñez manifestó que la nómina encabezada por el doctor Mendoza "montó un fraude bárbaro" y que esa planilla es ilegal porque no estaba reconocida.

"Yo creo que cuando alguien se encuentra perdido lo que hace es mentir y todos los que quieren imponerse, los impostores y los nulos tienen que justificar sus acciones", agregó Núñez.

El parlamentario indicó que en Choluteca "hay demasiado farsantes", y negó los cargos que le hacen los integrantes de la planilla disidente.

Aseguró que la planilla oficialista ganaría las elecciones en una relación de 20 a 1 contra la disidente, "y además de la petateada que le dimos, le demostramos a Mauricio que aquí él no es líder".

Mientras tanto, un observador de mesas electorales y seguidor de la planilla del doctor Mendoza, dijo que "ya no somos más nada de borregos; lo oficialistas no entienden de democracia, arrebataron votos y anduvieron diciendo que los votos de Mauricio eran alipistas".

"Los diputados anduvieron amenazando a los presidentes de las mesas, puestos con toda autoridad por el consejo local liberal, diciéndoles que les iban a romper las urnas en la cabeza si dejaban votar a favor de Mauricio", manifestó.

A pesar de que las elecciones en todo el país estaban previstas únicamente para que participaran él MLR y la ALIPO, en Choluteca no sucedió así.

El gran debate por disputarse la mayoría de los votos se produjo entre las dos facciones del rodismo, situación que dio lugar a que muchos nacionalistas, que observaban esta actitud, criticaran y se rieran del fenómeno nunca antes visto en esta ciudad.

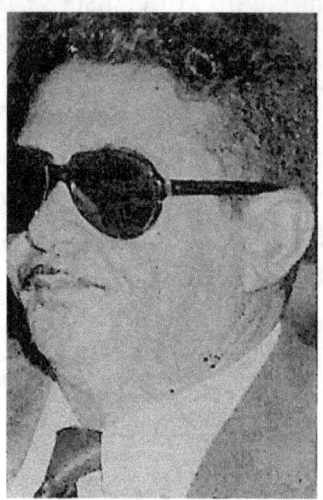

SIMÓN NÚÑEZ: *El diputado y dirigente liberal en Choluteca acusó que la otra corriente dentro del rodismo hizo un fraude bárbaro.*

LA CARICATURA DE HOY
Por Doumont

50

AZCONA: NI POR LA FUERZA DEJARÉ EL CONSEJO CENTRAL

José Azcona Hoyo, presidente del Consejo Central Ejecutivo del Partido Liberal (CCEPL), reconoció ayer que internamente ese Instituto Político "tiene una tremenda crisis", generada a raíz de la división de ese organismo en dos fracciones irreconciliables.

El máximo dirigente del CCEPL dio a entender que él, junto a Rodrigo Castillo, secretario de asuntos juveniles, obreros y campesinos, han tenido que soportar "la mala crianza" de los otros cinco miembros que conforman el organismo, al tratar de imponerse en la resoluciones que de ahí surgen.

"Tal como se plantea la situación en el interior del CCEPL —dijo Azcona — el Partido Liberal difícilmente podrá superar la crisis", y luego recordó que en una oportunidad del mismo se mostró optimista al afirmar que "la presidencia de la República nosotros la ganamos con cualquier candidato que llevemos".

Al preguntarle si los roces que tiene con los demás miembros del organismo le puede costar su caída como máximo dirigente, indicó que "del Consejo Central Ejecutivo del Partido Liberal solo me podrán sacar a la fuerza, si es que me dejo, ya que aquí llegué por mandato de las bases y son ellas las que tienen la última palabra".

Romualdo Bueso Peñalba, Fausto Castillo Suazo, Edna Kieffer de Alfonso, Juan de la Cruz Avelar y Pompilio Romero Martínez, son los miembros que han entrado en serios choques con Azcona y Castillo, situación que se pronunció al momento de la inscripción de planillas el sábado 20 de agosto, víspera de las elecciones internas del Partido Liberal.

Como autoridad del Partido Liberal, dijo, solo de tres departamentos conocía la inscripción de planillas y fueron las de Francisco Morazán, Comayagua y El Paraíso, ya que las otras aparecieron después, pero jamás fueron aprobadas por el directorio del CCEPL, sino que por el Movimiento Liberal Rodista, según dejó entrever.

De lo manifestado por Azcona Hoyo fue testigo el diputado Dolores González y el secretario adjunto del CCEPL, Reinaldo Narváez Rosales, quienes en todo momento guardaron silencio, cuando el dirigente en tono molesto se quejó de las situaciones que se han presentado al interior de aquel organismo.

RODISMO TRIUNFO EN VALLE

Elías Nássar, diputado liberal por Valle, afirmó que las elecciones del domingo anterior se desarrollaron en completa calma en aquel departamento.

Conforme los cómputos, el rodismo alcanzó una aplastante victoria electoral en todos los municipios del departamento de Valle, de acuerdo a los siguientes datos:

Rodistas: 20,691;
ALIPO: 2,738;
Blancos, 2.
Gran total de 23,505.

Las cosas sucedieron sin mayores problemas, dijo el diputado sureño, porque se dio entera libertad a los militantes de las diversas tendencias liberales.

"SEPCAMAT" CONDENA INTENTOS DE DESPIDO CONTRA AZCONA

El sindicato de Empleados Públicos de Caminos Mantenimiento de Aeropuertos y Terminales (SEPCAMAT), salió en defensa el titular de SECOPT, José Azcona Hoyo y pidió la intervención del presidente de la República "para evitar que sea removido de su cargo".

En una carta pública divulgada ayer por el SEPCAMAT, la organización se manifiesta como amante de la libertad, la democracia y la constitucionalidad, al tiempo que hace un acre crítica interna que está viviendo el Partido Liberal de Honduras.

"Esta crisis — afirma la carta — no sería tan preocupante, si no fuera porque se da dentro del partido gobernante al cual, el pueblo Hondureño, con civismo, le confió los destinos de la nación a través de su opinión expresada libremente en las urnas el 20 de abril de 1980 y el 29 de noviembre de 1981.

SEPCAMAT también afirma que "esa unidad y patriotismo demostrado en las urnas, está siendo empañada por las ambiciones de poder de algunos pseudo líderes, a quienes le ha afectado la fiebre de presidentitis y diputaditis y por ello no ven el daño que le están haciendo al partido y al país en general".

Calificando al titular de SECOPT cómo "un funcionario honesto y responsable", SEPCAMAT, denuncia tener conocimiento de que José Azcona Hoyo está siendo presionado para que abandone la secretaría de estado "que con tanto acierto ha venido desempeñando, construyéndose en un bastión del equipo ministerial del actual gobierno".

Por lo anterior, concluye la carta de SEPCAMAT, nuestra organización sindical solicita su excelencia intervenga para que él señor ministro Azcona no se ha removido de su cargo, ya que todos los empleados estamos dispuestos a condenar esa acción, por cuanto no es posible que las más bajas intrigas políticas y personales perjudiquen a uno de los mejores hondureños, como es José Azcona Hoyo.

En elecciones liberales
PISOTEARON ELEMENTOS FUNDAMENTALES DE LA DEMOCRACIA: ROBERTO LARIOS S.

- *Sostiene que se ha exhibido internacionalmente la falta de respeto al derecho soberano del pueblo.*

SAN PEDRO SULA. (Víctor Ramírez Isaula). — "Desafortunadamente, yo me siento avergonzado de que en Honduras sucedan estos acontecimientos, justamente cuando creímos que se habían consolidado los esfuerzos nacionales para recuperar nuestro prestigio internacional", comentó ayer para LA PRENSA el ingeniero Roberto Larios Silva.

El secretario de Finanzas del Directorio Nacional de la Alianza Liberal del Pueblo (ALIPO), y uno de los alcaldes más dinámicos que ha tenido esta ciudad, se refirió a la contienda electoral del domingo último, cuando esa corriente política y el Movimiento Liberal Rodista midieron sus fuerzas en comicios internos del Partido Liberal de Honduras.

También Larios Silva hizo un recuento de las irregularidades que consumaron el fraude rodista, responsabilizando esa situación a algunos dirigentes liberales que ostentan el poder, tras asegurar que "tenemos pruebas de esa planificación deliberada y de las acciones fraudulentas que se practicaron sin ninguna reserva".

El dirigente alipista comentó que esos comicios electorales podrían fomentar el interés por una imagen negativa para los hondureños, "porque el desprestigio Internacional viene y suma, porque siempre nuestras campañas se han fundamentado en ese irrestricto respeto a la democracia, en el respeto a que el pueblo elija a sus dirigentes y que los eleve a niveles de gobierno mediante la expresión libre y espontánea del sufragio".

Empero, a su juicio, lo que sucedió el domingo "no es más que la negativa al poder soberano del voto y se pisotearon los elementales fundamentos de la democracia, que es a la libre expresión soberana del pueblo a través del voto", agregando que esas irregularidades podrían originar consecuencias negativas en el quehacer económico y social de los hondureños.

Larios Silva indicó que las elecciones del domingo, en menos de doce horas, empañaron los esfuerzos que por mucho tiempo viene haciendo el gobierno del doctor Roberto Suazo Córdova por recuperar en el campo internacional la credibilidad y confiabilidad de nuestro sistema democrático.

"Creo que en vez de ese espectáculo del domingo, la ocasión se hubiera aprovechado permitiendo a los liberales que depositaran su voto en forma libre, espontánea, sin ninguna coacción y masivamente", puntualizó el tesorero de la ALIPO.

Larios Silva reforzó su criterio al asegurar que si esas elecciones se hubieran caracterizado por la unificación y la honestidad, los resultados simplemente hubiese significado un respaldo decidido el partido liberal y con ello la fortificación del gobierno, independientemente que ganaran los rodistas o los alipistas.

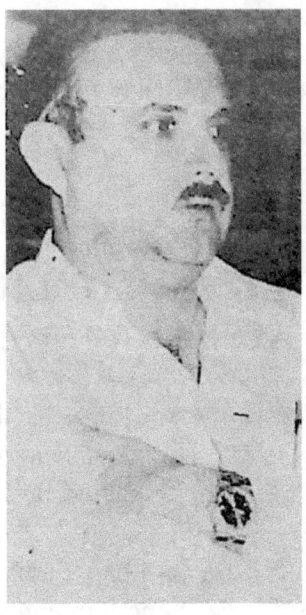

EL DOCTOR ROBERTO LARIOS SILVA HIZO SERIOS CUESTIONAMIENTOS AL RODISMO

Consultado sobre si esa actitud política podría afectar la unificación e identidad nacional al grado de causar preocupación en el gobierno de la Casa Blanca, Larios Silva aseguró que sí podría ser motivo de preocupación, "porque siempre han enfatizado en la urgente necesidad de que en estos países solventen sus problemas en base a elecciones libres y espontáneas, en las que el pueblo demuestre su soberanía que es la base de la sustentación de una democracia funcional y participativa".

El ingeniero Larios Silva enfatizó en que los vicios eleccionarios hacen mucho daño a los pueblos, "porque los métodos de fraude establecidos por los rodistas han corrompido la mente y el alma del campesino, del estudiante y del pueblo en general. Cualquier actitud en la que se juegue con los intereses del pueblo en forma fraudulenta, conlleva hacia un sinnúmero de consecuencias negativas".

Para el dirigente alipista "la ambición desenfrenada de algunos dirigentes rodistas los ha llevado actitudes terriblemente negativas para el país, deduciéndose que no es cierto que defiendan al país, que no defienden al gobierno, sino que defienden sus intereses personales".

Fortaleciendo su opinión anterior el ingeniero Larios Silva apuntó el caso de Choloma, departamento de Cortés, donde la ALIPO triunfo con un margen de 800 votos. "Los líderes rodistas que en el pasado manipularon ahí el control electoral, fueron perdiendo credibilidad de sus bases y se fueron desprendiendo para darle la espalda y sumarse a la ALIPO", aseguró.

Larios Silva sostiene que esas adhesiones son consecuencia de la sinceridad de los líderes positivos con una mentalidad política diferente a la de aquellos con artimañas y engaños pretenden perpetuarse en el poder jugando con los intereses del pueblo. Finalmente, el secretario de finanzas de la ALIPO dice que más tarde o más temprano, reciben su merecido desprecio de los falsos líderes que piensan en el permanente y continuado engaño.

"Es lamentable saber cómo los falsos líderes engañan y tergiversan el significado del vocablo democracia, que simplemente significa el poder soberano del pueblo" finalizó diciendo Roberto Larios Silva.

Replica Bú Girón
"JAMÁS UTILIZARE HELICÓPTEROS DE LA FAH PARA CAMPAÑA"

TEGUCIGALPA.- (por Andrés Torres hijo).— En declaraciones para medios radiales capitalinos, el ingeniero José Azcona del Hoyo acusó al presidente del Congreso Nacional, abogado de Efraín Bú Girón, de utilizar helicópteros de la Fuerza Aérea Hondureña en su campaña política en Santa Bárbara.

Sobre esta serie acusación, Bú Girón replica: "Jamás he utilizado helicópteros de la Fuerza Aérea para campañas políticas. Sencillamente recibo la cooperación de esta institución cuando he tenido que entregar subsidios a las aldeas apartadas, a los pueblos donde es difícil entrar en carro. Y esto más, he utilizado el transporte aéreo solo cuando razones de seguridad o de tiempo me lo imponen".

Bú Girón agrega: "Yo me preocupo por el mejoramiento integral de Santa Bárbara y no solo del pueblo liberal santabarbarense. He respondido a las demandas de ayuda de todo el pueblo, y solamente las mentes perversas pueden relacionar esta actividad con la campaña política".

ELECCIONES INTERNAS

Aclarado este asunto, Bu Girón señaló que la semana pasada hizo su campaña política utilizando un carro prestado de don Miguel Ángel Pineda de San Pedro Sula.

"De Tegucigalpa me fui a San Pedro Sula en un vuelo regular de SAHSA, y de ahí en mi viejo Jeep que me ha servido en los dos últimas campañas", dijo.

Lo que pasa —advirtió Bu Girón —, es lo que el que pierde siempre busca una excusa, y aunque hay asuntos más importantes de qué ocuparse andan en intrigas palaciegas. Es necesario que hagamos un alto a este tipo de intrigas y de egoísmos, yo no tengo perjuicios contra nadie, porque jamás ha sido esa mi conducta. Yo me eduqué en un lugar cristiano y aprendí a convivir en sociedad".

AMBICIONES SUBALTERNAS

Haciendo doctrina de sus principios morales, Bú Girón sugiere la hermandad liberal para superar diferencias, para fortalecer la democracia y contribuir a la paz social de este país.

Es preciso —acota — abandonar las ambiciones subalternas, las ambiciones personales, No sentirse amargado Por el acontecer político y aceptar la vida tal como es: de éxito o de fracasos.

"Los liberales deberíamos hacer un alto a las intrigas y egoísmos", señala Efraín Bu Girón.

NINGUNA DIVISIÓN

No creo, dijo el presidente del Congreso Nacional, que el rodismo esté dividido. "Sencillamente son muchos los aspirantes y pocos los puestos en las directivas de los consejos locales y en los cargos de la convención. Es el pueblo liberal el que decide a quién elige, y es ahí donde radica la grandeza de los liberales, en el respeto al veredicto del pueblo".

LUCHA POR EL PODER:

Finalmente, Bú Girón considera que la lucha electoral recién pasada no origina la lucha por la precandidatura presidencial.

"Sin embargo —sentencia— las actuaciones de los hombres provocan simpatías o antipatías dentro de las bases liberales. Por eso opino que debemos actuar con mayor ecuanimidad, con mayor altura, Pues el momento no es para montar en cólera y atropellar a los demás personas".

Bueso Peñalba:
"AZCONA ES HONRADO, PERO TEMPERAMENTAL"

El secretario general del Consejo Central Ejecutivo del Partido Liberal, profesor Romualdo Bueso Peñalba, dijo que las elecciones internas del domingo anterior no afectan al sistema democrático, "porque estamos dando más bien una demostración de que aquí existe verdadera democracia".

Agregó que tampoco cree que haya crisis en el Partido Liberal (PL) luego de las elecciones recién pasadas.

"Lo que hay es que después de un proceso electoral no todo el mundo queda satisfecho, principalmente cuando pierde", arguyó Bueso Peñalba.

"Este —continuó—, es un partido democrático y bastante controversial y entonces al final resulta mucho resentidos, que poco a poco tienen que ir comprendiendo que en un proceso eleccionario unos tienen que ganar y otros tienen que perder".

También expresó que "en el Partido Liberal no hay purgas, hay pulgas en el Partido Comunista, y nosotros somos demócratas por excelencia, así que no purgamos a nadie".

Asegurando que el directorio nacional rodista entregó a las planillas de candidatos a las 8:30 de la noche del sábado, pero que por un zipizape en el consejo local solo él se presentó a entregar las planillas.

"Yo personalmente fui a darle cuenta al ingeniero José Azcona de que ya estaba inscritas las planillas y que se había recibido", aseguró Bueso Peñalba.

Comentó respecto al ingeniero José Azcona que es un hombre honrado, pero temperamental y que no creía que se fuera a ejercer ninguna represalia contra él.

También argumentó que no había "argollas2 contra Azcona y que no se sabe cuándo termina políticamente un hombre.

"Definitivamente los hombres en política no terminan, no se sabe cuándo un hombre va para arriba ni cuándo va para abajo", dijo.

"Por lo menos, de lo de lo que conozco del central ejecutivo, le puedo asegurar que nadie está contra nadie", aseveró Bueso Peñalba.

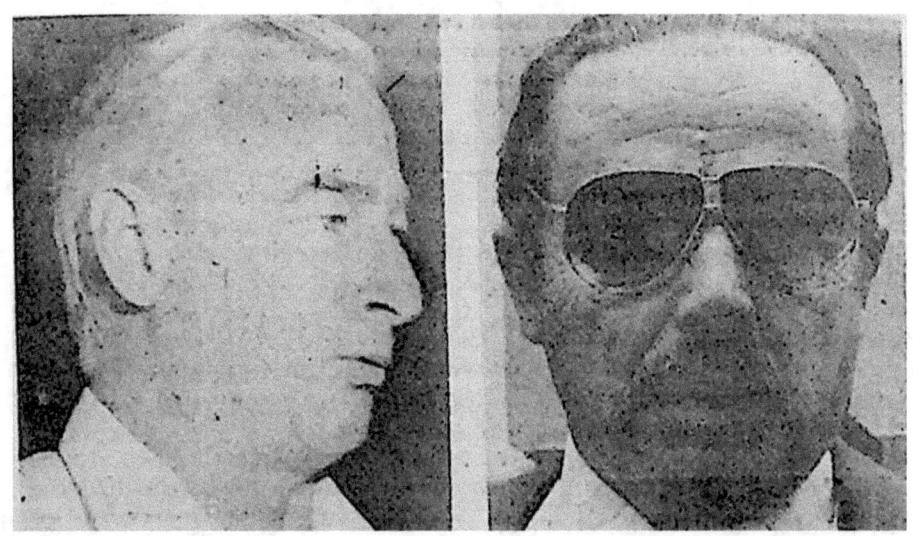

AZCONA   **_BUESO PEÑALBA_**

(TIEMPO) 24 de agosto de 1983

Presidente del Consejo local:

RODISTAS DISIDENTES GANAN EN CHOLUTECA

El presidente del Consejo local liberal de Choluteca, Walter Reichmann Mejía, declaró ayer a Diario TIEMPO que en el municipio de Choluteca participaron dos planillas Rodistas y una de la Alianza Liberal del Pueblo, y que salió triunfadora la del doctor Mauricio Mendoza, del movimiento rodista.

El señor Walter Reichmann manifestó que la planilla rodista del doctor Mendoza logró, solo en la ciudad de Choluteca, unos 6,281 votos, mientras que la del diputado Antonio Benítez obtuvo 4,366 votos, contra 249 de la Alianza Liberal del Pueblo.

En las restantes aldeas del municipio de Choluteca, la planilla encabezada por el doctor Mendoza sumó otros 2,588 votos, y Benítez tuvo 2,052, reconociéndole a la ALIPO tan solo 126 votos.

El presidente del consejo local liberal de Choluteca no supo explicar por qué razón los liberales de ese lugar votaron por dos planillas rodistas, cuando según los estatutos del Partido Liberal únicamente puede ser inscrita a Una nómina por cada corriente interna.

"Aquí votamos por dos planillas rodistas", dijo Walter Reichmann, sin dar mayor explicaciones del por qué esa irregular situación, aunque se deduce que la misma se motiva en la imposición de planillas que pretendía llevar a la práctica el Directorio Central Rodista, a través del diputado Antonio Benítez.

(TIEMPO) 24 de agosto de 1983

LAS ELECCIONES INTERNAS EN LOS PARTIDOS POLÍTICOS

Las elecciones internas del Partido Liberal, efectuadas el domingo anterior, son demostrativas del grado de descomposición que han llegado a las organizaciones políticas tradicionales, que se muestran incapaces de practicar la democracia, tanto al interior de sí misma como en la conducción del país.

De igual manera que aconteció con el Partido Nacional en noviembre del año anterior, esta vez el partido liberal dio un espectáculo deprimente con un fraude escandaloso— similar al de julio de 1981— del oficialismo contra la alianza liberal del pueblo (ALIPO), y con una confrontación dentro del Movimiento Liberal Rodista, en una lucha implacable y sin principios de un grupo de diputados para perpetuarse en el poder, desafiando a la opinión pública y a los militantes del Rodismo.

Estas elecciones internas, que han dejado como secuela una fuerte desmoralización y desencanto en todo el país, dejan en el conglomerado las certitud de que los dirigentes políticos responsables del fraude no son representativos ni de las bases de su partido ni de la nación, por más que el Partido Liberal esté en el poder merced a elecciones practicadas en 1981.

También enseñan estos comicios que el plebiscito interno, tal como se viene practicando en los partidos políticos, es contraproducente para los efectos de la democratización del país, por lo tanto, los dirigentes políticos deben buscar los mecanismos institucionales para cambiar ese sistema tan proclive a la corrupción, si es que quieren que la democracia sobreviva y se instituya en Honduras, y si es que ellos mismos quieren también sobrevivir como hombres políticos.

Ha quedado bien delineada la perspectiva nacional si estos vicios electorales no se corrigen. En primer lugar, la nación se muestra asombrada y con repugnancia ante la irresponsabilidad y hasta el cinismo de los causantes de ideólogos de fraude electoral.

En segundo lugar, el sistema electoral ha sufrido, con esto, un golpe bajo que toca su más sensible plexo: la confianza pública en las elecciones. En tercer lugar, la juventud, entusiasmada con el ejercicio del sufragio, pierde toda ilusión por la desnaturalización y la manipulación de las planillas electorales y de las elecciones.

El desgaste del Partido Liberal, en este caso, es enorme y acelerado. El Movimiento Liberal Rodista, profundamente escindido, proseguirá su proceso de desmoronamiento interno a causa de un autoritarismo brutal de la cúpula, en donde lo único que preside las decisiones es la voluntad de control político por parte de un reducido grupo, dispuesto a todo para no perder el poder.

Esta situación influirá decisivamente en el curso del país, seguramente, ya que es la maquinaria rodista quien, en nombre del liberalismo, dirige el gobierno y maneja los tres poderes del Estado.

Lo fundamental es, sin embargo, que la nación entera ya está consciente de que no puede haber democracia en Honduras si no hay democracia interna en los partidos políticos. Y para que haya democracia interna en los partidos políticos, es indispensable cambiar los métodos y requisitos en las elecciones primarias.

El cambio exige, entonces, que los comicios internos deben realizarse por medio del Censo Electoral elaborado por el Tribunal Nacional de Elecciones, que el documento de identificación debe ser, en el futuro, la tarjeta de identidad que emitirá el Registro Nacional de las Personas, y que la papeleta electoral debe de ser la llamada "papeleta única", igual a la que se usa en los comicios nacionales.

Y esto es así porque los partidos políticos no pueden ni deben ir a la sala de las instituciones del Estado, y porque no puede hablarse de elección popular en la calle si no la hay en el seno de las organizaciones políticas.

La experiencia de los últimos años ha sido una gran lección, que es imprescindible aprovechar, y que la colectividad hondureña ha percibido hasta en sus últimas consecuencias. Para lo sucesivo, no podrá haber elecciones internas si estas no se practican con los mismos requisitos que establece la ley electoral.

(TIEMPO) 24 de agosto de 1983

MICHELETTE Y RESPONSABILIZA A HALL RIVERA POR DERROTA DEL RODISMO EN EL PROGRESO

- *Él y toda su camarillas son repudiados por la gran mayoría del pueblo progreseño, Afirma el diputado de la "bancadita"*

Roberto Micheletti, dirigente del Partido Liberal y actual diputado del Congreso Nacional, manifestó a EL HERALDO que él consideraba que la pérdida electoral de El Progreso se debe a que los señores que hicieron la campaña en favor del rodismo son personas mal queridas en aquella ciudad, empezando por el candidato William Hall Rivera, Mirtala Bonilla de Reyes, Fausto Uclés y Adalberto Aguilar Pachamé.

Manifestó Micheletti que estas personas —hombres y mujeres— se han venido dedicando a dañar los intereses de una gran cantidad de pobladores de la ciudad.

Agregó que en el caso de Hall Rivera, dijo que es un diputado que jamás se ha proyectado, jamás ha salido a las aldeas y caseríos del pueblo.

"El diputado Hall jamás se ha acercado las bases del liberalismo en El Progreso; al contrario, se ha mantenido en permanente conflicto, aduciendo que esta gente sigue a Roberto Micheletti", argumentó.

En el caso de la señora Mirtala Bonilla de Reyes, alcaldesa municipal, es necesario decir que llegó a ocupar este cargo en forma impopular, sin arrastre, sin simpatías personales. Está ahí porque el rodismo la escogió erróneamente, pero por disciplina y por tratarse de la elección presidencial —expuso Micheletti—.

Es una señora incapaz, no tiene la preparación suficiente para administrar los intereses de un pueblo como el progreso, que requiere de la inteligencia, el dinamismo y la voluntad de sus mejores hijos. No ha realizado ninguna obra que lleve beneficio general a la comunidad. Ha ocurrido todo lo contrario, se ha dedicado a pelear contra los patronatos, que son la fuente vital para un partido político, dijo Micheletti.

Fausto Uclés, famoso por su paracaidismo en el mercado municipal del Progreso y que está ahí por su amistad y la imposición que de él hizo el diputado William Hall Rivera, no pasa ahí ni ha pasado nunca en el mercado municipal. Lo único que hace es abrirlo por la mañana —acusó.

Y siguió diciendo: "Se va a su Hacienda y regresa por la tarde para ver lo que se ha cobrado, sin que haya ninguna responsabilidad de su parte. Este mismo señor Uclés fue propuesto a alcalde municipal por el diputado Hall Rivera, aunque es odiado por locatarios del mercado y los maestros, a quienes ultrajo él y la camarilla que William Hall tiene a su lado".

Alberto Aguilar Panchamé, expresidente del Consejo Local Liberal, es ahora gerente de la ENEE en El Progreso, por su acercamiento a William Hall y Azcona del Hoyo. Este señor, de trayectoria oscura, fue acusado por una activista de haber intentado violarla, por lo que fue procesado y se hicieron los trámites legales pertinentes —aseguró.

Posteriormente fue acusado de un asesinato en la ciudad de El Progreso, siendo el miembro del Tribunal de Elecciones. También ha sido un hombre que se ha dedicado un 90% a acusar los dirigentes del Partido Nacional en El Progreso, y lo menos que ha hecho es trabajar por ayudar a las diferentes comunidades marginadas, llevar luz eléctrica y otros servicios. Si hubieran trabajado por el pueblo, el Triunfo los hubiera glorificado, pero trabajando contra el pueblo solo pudieron cosechar una aplastante y humillante derrota en El Progreso, indicativo de la calidad humana y política de los perdedores —señaló.

PATRONATOS PERSEGUIDOS

Roberto Micheletti afirmó que los patronatos de El Progreso han sido perseguidos, ultrajados por las autoridades de la municipalidad, como también del Juzgado de Letras, en donde está un muchacho irresponsable de apellido Tábora, hombre que no tiene ninguna relación con el pueblo y que ha dedicado únicamente a seguir las directrices de William Hall Rivera. Lo que mande el diputado, eso es lo que hace el juez.

Tenemos otro caso —dijo Micheletti—: otro protegido de Hall Rivera es el jefe del presidio, el mismo que acaba de permitir la huida de 36 presos. Ese es el tipo de activistas que Hall Rivera tiene en El Progreso, es decir, los enemigos del pueblo progreseño.

(EL HERALDO) 24 de agosto de 1983

CANDIDATO DE LAS BASES DERROTA AL SECTOR OFICIAL EN CHOLUTECA

En Choluteca sucedió algo muy especial en las elecciones internas del Partido Liberal: además de la ALIPO, se enfrentaron dos planillas rodistas.

Como en casi todo el país, los diputados impusieron en Choluteca su planilla, encabezada por el licenciado Antonio Benítez, que las bases liberales, descontentas por la nominación de dedo, se reunieron en Asamblea Popular, tal cual lo ordenan las disposiciones reglamentarias de ese Instituto Político, la cual ganó los comicios.

Los resultados fueron sorprendentes en la ciudad de Choluteca, donde el doctor Mendoza alcanzó en los barrios 6,281 votos, mientras Benítez se quedaba en los 4,336, y la ALIPO en 249. En las aldeas del municipio de Choluteca los resultados fueron similares, obteniendo Mendoza Portillo 2,786 sufragios, Benítez Perino 1,852 y la ALIPO 124.

El total que dio la victoria al doctor Mauricio Mendoza fue de 9,067 votos; el licenciado Antonio Benítez quedó en segundo lugar con 6,218, y la ALIPO totalizó 373 sufragios en la cabecera departamental de Choluteca.

Se presenta así una difícil situación para el Consejo Central Ejecutivo, porque hay presiones para que se inscriba la planilla impuesta por diputados que quedó en segundo lugar; pero el doctor Mauricio Mendoza Portillo, apoyado por el consejo local que preside el líder Walter Reichmann Guillen, quién iba como delegado la Asamblea Nacional, ha demostrado que tiene el respaldo mayoritario del rodismo, y fue el producto de la consulta a las bases en una asamblea popular.

(EL HERALDO) 24 de agosto de 1983

TEMORES POLÍTICOS POR ELECCIONES GENERALES DE PRESIDENTE EN 1985

TEGUCIGALPA. La forma en que se realizaron los comicios internos del Partido Liberal de Honduras ha despertado serias inquietudes en el ambiente político de los tres partidos de oposición.

El cuestionamiento sugiere un fraude descarado que podría ser la génesis de otro fraude mucho mayor en las elecciones para presidente de la República en 1985, si se toma en cuenta que tanto en el Registro Nacional de las Personas, que maneja el Registro Civil, como el Tribunal Nacional de Elecciones, se encuentran en manos del Partido Liberal de Honduras.

La preocupación tiene su razón de ser, si partimos de algunos resultados abultados operados en distintos municipios del interior, y los cuales serán protestados por la Alianza Liberal del Pueblo.

Quizás el hecho más evidente del fraude lo constituye como hay aldeas en donde resultaron más de 70,000 votantes, cuando se sabe que su caudal de votos no puede andar más allá de los 50 mil.

Cruz Torres, presidente del Comité Central del Partido Nacional, advirtió que de confirmarse el fraude, justo es preocuparse por las elecciones de 1985, porque este ejercicio electoral podría ser el inicio de algo mucho peor.

Miguel Andonie Fernández, coordinador general del Partido Innovación y Unidad (PINU), condenó el procedimiento observado en esas elecciones del Partido Liberal y fustigó el hecho de que menores de edades estuviesen siendo educados dentro de la escuela del fraude y el engaño.

En términos similares se pronunció Efraín Diaz Arrivillaga, diputado de la Democracia Cristiana (DC), cuando sentenció: "Las elecciones internas del Partido Liberal son un retroceso al pasado que debe conmover a todos los hondureños, y llamarnos para estar preparados, porque, no hay que dudarlo, algo irregular podría surgir".

(LA PRENSA) 24 de agosto de 1983

CENTRAL EJECUTIVO CONOCERÁ HOY RESULTADOS DE ELECCIONES

El Consejo Central Ejecutivo del Partido Liberal empezó a recibir las actas de cierre de elecciones y cómputos de votos de los consejos locales de diversos puntos del país, y este día el secretario general, Romualdo Bueso Peñalba, procederá el análisis de los mismos para que el organismo supremo de esa institución política confirme la elección de las plantillas ganadoras.

Bueso Peñalba hasta ese día se incorporará sus funciones en el central ejecutivo para conocer las actas que están en poder de dicho organismo, en el cual deberá confirmar la elección de las planillas para sus integrantes puedan tomar posesión de sus cargos en segunda semana de septiembre próximo.

Indicaron fuentes del Central Ejecutivo que hasta ahora los datos que se tienen sobre los resultados electorales son parciales, pero que el triunfo de las planillas presentadas por el Movimiento Liberal Rodista es arrollador.

Preguntado sobre cuál sería la determinación que el CCE él adoptaría en torno a la anunciada impugnación que presentará la ALIPO, los empleados del organismo afirmaron que "eso tendrá que analizarlo debidamente toda la directiva".

El mismo trámite se hará los problemas surgidos en algunos departamentos, en donde los directivos locales de rodismo están pidiendo el reconocimiento del triunfo electoral de las planillas por ello respaldadas.

Para el caso, afirmaron, hay problemas con la elección de autoridades liberales en La Ceiba, ya que los seguidores de Fernando Azcona Hoyo solicitan que el central ejecutivo de su reconocimiento como ganadora su planilla.

FACETA DEL PRESIDENTE DEL CONSEJO CENTRAL EJECUTIVO DEL PARTIDO LIBERAL, ING. JOSE AZCONA HOYO

- POR:-
REINALDO NARVÁEZ ROSALES

El Ing. José Azcona Hoyo, nuevo presidente del Consejo Central Ejecutivo del Partido Liberal de Honduras, es un ciudadano de profundas convicciones democráticas, de ideas avanzadas, honesto y responsable.

Genuino liberal, de acendrado patriotismo, recto en sus actuaciones, ponderado y ecuánime.

Su pensamiento político lo ha forjado en las luchas históricas del Partido Liberal, cuya doctrina ha inspirado sus acciones.

Honrado a carta cabal. Trabajador incansable. Pragmático en su resoluciones y sincero en sus actuaciones.

Líder de convicciones profundas, carismático y un entrañable defensor de las causas justas del pueblo Hondureño.

El ingeniero Azcona, con su don de gente, se ha traído la simpatía del conglomerado liberal, cuyas masas han visto en él al genuino conductor de las milicias eternamente jóvenes.

Sin odios, ni rencores, fortalecer el partido es su consigna. Su altura de pensamiento lo hacen acreedor de admiración de todos los liberales, los que han apreciado en el ingeniero Azcona a un orientador y un guía de las masas liberales.

Se ha venido perfilando con la entereza cívica que lo caracteriza, dando paso a aquellos pensamientos que definen una personalidad de carácter definido, sin dobleces, ni claudicaciones.

En el ingeniero Azcona los correligionarios encontramos al amigo servicial y al compañero de lucha.

UN HOMBRE GENUINO

De noble corazón y de Gran Espíritu, siempre lo hemos visto sin poses demagógicas y sin rebuscadas posturas. Él se define sus actuaciones y en su carácter rectilíneo y Franco.

No es de los políticos que viven en la adulación; Más bien es Modesto y se perfila como un ciudadano de costumbres sencillas y nobles.

Hombre de fuertes convicciones, Su entrega las causas de su pueblo lo han llevado hasta el sacrificio.

Defensor de los pobres y de los humildes. Con su gran sensibilidad humana se entrega a servir a sus correligionarios sin distinciones de ninguna naturaleza.

Por todas esas cualidades el ingeniero José Azcona Hoyo encarna los ideales del liberalismo hondureño.

SE ABRE PERÍODO PROBATORIO PARA IMPUGNACIONES DE "ALIPO"

A partir de hoy, cuando el Tribunal Nacional de Elecciones, en sesión ordinaria apruebe el acta del viernes anterior, empieza el periodo probatorio en el juicio abierto para confirmar o declarar sin lugar la impugnación presentada por los hermanos Reina, al reconocimiento de las autoridades de la Alianza Liberal del Pueblo (ALIPO).

De acuerdo a lo firmado por el secretario del TNE, Luis Alberto Rubí, el período probatorio será de 15 días, en los que el apoderado legal de la dirigencia alipista del centro deberá presentar los documentos que demuestren que ha habido parcialismo en la emisión del fallo mediante el cual el Central Ejecutivo reconoció a Jorge Bueso Arias como presidente del directorio nacional de la ALIPO.

Sin embargo, durante este periodo también el tribunal podrá recibir documentaciones tanto del Central Ejecutivo como de los alipistas del Norte, que resten méritos a la acción emprendida por los hermanos Reina.

Del análisis de esas pruebas documentales, afirmó Rubí, tendrá que salir el fallo del tribunal que será emitido bajo un criterio eminentemente jurídico y no político.

Por el momento, dijo, no se pueden adelantar juicios, ya que el tribunal deberá votar todos los medios probatorios para poder pronunciar un fallo justo y apegado a derecho.

LOS FEUDOS PODRIDOS

Por Ramón Villegas Bermúdez

Los colombianos llaman feudos podridos a los dominios de algunos políticos, donde el control se ejerce por cualquier medio, incluyendo la corrupción.

Honduras también tiene sus feudos podridos, como lo demostraron la recién pasadas elecciones internas del Partido Liberal, que pusieron de manifiesto el fraude como procedimiento para que algunos diputados continúen el poder el próximo período.

El rodismo no necesitaba el fraude para ganar, porque es mayoritario; y los rodistas tampoco se beneficiaban con ese delito.

Pero algunos diputados sí lo necesitaban; de ahí que el fraude solo deriva del interés de pocas personas desacreditadas que son la negación de la ideología liberal.

En las Naciones donde la ley funciona y se aplica, la punición para el delincuente político es tan severa como para cualquier otro malhechor que practique el engaño, la usurpación o la suplantación.

Recientemente en Francia se celebraron elecciones municipales y en algunas localidades de los comunistas practicaron fraude para triunfar.

El tribunal administrativo los declaró nulas en los lugares donde se comprobó el delito y convocó a nuevas elecciones.

Ese es el procedimiento habitual en cualquier nación democrática y respetuosa de las leyes.

Pero en Honduras violan la ley los mismos diputados que las han escrito o al menos, que las aprobaron. Eso es destruir la democracia.

Siempre en Francia, el pensador y escritor Jean François Revel escribió recientemente un libro titulado "CÓMO SE PIERDEN LAS DEMOCRACIAS", en el cual hace notar que los gobiernos democráticos son de reciente cuño, que tienen menos de un siglo, lo cual es una fracción decimal si se compara con la historia del hombre.

Revel no es optimista; él supone que los gobiernos democráticos serán sustituidos tarde o temprano por gobierno de fuerza, porque no fueron fuertes en sus principios. Entre gobiernos de fuerza y gobierno fuertes, la diferencia es la democracia.

Los feudos podridos, como la zona o ciudades que manosean nuestros diputados, son una invitación a la intervención militar.

Esto es lo que nos advierte Jean François Revel.

(EL HERALDO) 25 de agosto de 1983

--Lo acusa su compañero diputado Ramón Zúniga Rodezno--
SIMÓN NÚÑEZ NEGOCIÓ POLÍTICAMENTE CON EL HAMBRE DE POBLADORES DEL SUR

- *Solo los liberales podían obtener el maíz que Simón Núñez llevó en 10 furgones.*

El diputado por Choluteca, Ramón Zuniga Rodezno, informó que los 10 furgones que llevó su compañero en la cámara legislativa, Gustavo Simón Núñez, llenos de maíz para mitigar el hambre en el sur, fueron utilizados para la campaña política que el domingo pasado celebraron los liberales y no para resolver el problema en su región.

El parlamentario denunció que el diputado Simón Núñez solo repartía los granos básicos a las personas que se identificaban como liberales mostrando sus carnets respectivos, y que él trató de comprarle 200 quintales para distribuirlos en la población sureña, pagando inclusive hasta con dólares, a lo cual Simón Núñez accedió al inicio pero al final desistió de la operación comercial.

Zúniga Rodezno ilustró que la situación que vive sus paisanos es producto de que la región del sur ha tenido una inundación y tres sequías en menos de año y medio dañando los sistemas de cultivo tradicional que usan los agricultores, ya que carecen de sistemas de riego y abono para lograr mejores cultivos y mayor producción.

El diputado Zuniga Rodezno, del ala nacionalista, informó que tiene una semana de estar esperando que el IHMA le venda 200 quintales de maíz, ya que la orden está desde hace tiempo a nombre de la municipalidad de San Marcos de Colón, del departamento de Choluteca, para dotar a dichos habitantes de algunas libras de maíz para que tengan algo que comer en estos días, ya que los que vienen serán pobres en cosecha, dijo al finalizar sus declaraciones Ramón Zúniga Rodezno.

(EL HERALDO) 25 de agosto de 1983

Carlos Montoya:
EN HONDURAS NO HACEMOS DEMOCRACIA

"Dentro del Partido Liberal, y aún dentro del sistema de gobierno de Honduras, no hemos desarrollado la verdadera democracia, pues no se han hecho respetar los derechos ciudadanos, y todavía hay hambre, desempleo y analfabetismo", dijo Carlos Orbin Montoya al analizar el problema interno de su partido.

Montoya sostiene que "los mismos ciudadanos que son los actores del drama, tenemos que desarrollar la democracia; tenemos que hacer respetar los derechos ciudadanos, la dignidad de las personas y los organismos responsables de hacer viva la democracia".

Por eso, añadió, los partidos políticos tienen que democratizarse para poder existir, el readecuamiento democrático en Centroamérica requiere esa dinámica, esa agilidad y esa participación de todos y el respeto absoluto al derecho de libre elección y libre participación.

Montoya consideró que si bien es cierto que el Partido Liberal es una institución democrática, también es cierto que tiene muchos problemas que deben resolverse a través del diálogo.

"El diálogo —agregó — es un factor de unificación; por eso hay que discutir el porqué de las divergencias y se encontrará que la gente tiene más puntos convergentes que divergentes".

Las divergencias se deben superar —arguyó—, se debe llegar a planteamientos de unidad para lanzar toda la energía en función del desarrollo del país, del sistema democrático de gobierno, y no perder esfuerzo y energía sufriendo defraudaciones por problemas que tienen un origen estrictamente personal.

(LA TRIBUNA) 25 de agosto de 1983

Denuncia Carlos O. Montoya
MANIPULACIÓN EN CÚPULA LIBERAL PARA FAVORECER PRE-CANDIDATURAS

TEGUCIGALPA. (Por Andrés Torres hijo)—. El vicepresidente del Congreso Nacional y miembro del Directorio Central del Movimiento Liberal Rodista, Carlos Orbin Montoya, aseguró a LA PRENSA que se está manipulando en la cúpula del partido para favorecer aspiraciones presidenciales.

Así reveló ayer este joven líder al referirse a los últimos acontecimientos del domingo anterior dentro de su Instituto Político.

AL ESCONDITE
Recientemente, el secretario general del Consejo Central Ejecutivo del Partido Liberal, declaró que la noche del domingo había gente tomando bebidas alcohólicas dentro de la sede de dicho organismo, y que presionaban y amenazaban. Nosotros recordamos que entre las

personas que ahí se encontraban estaba Carlos Orbin Montoya. Sobre este particular, Montoya riposta:

"Ese cuento es para tapar la crisis que había. Ahí había dos miembros del Central Ejecutivo y dos miembros del directorio rodista, mirando las planillas para la inscripción. Ahora se quiere justificar el atraso en la inscripción hablando como si uno fuera irresponsable", se defendió

"Yo tengo toda una vida de lucha en este partido y todo mundo sabe que he actuado con responsabilidad y valentía. De tal manera, que a mí me parece que estos argumentos quieren esconder un error de táctica. Un error que no quisiera ahondar en él, por prudencia y porque ya pasó todo. Pero creo que al ingeniero José Azcona y al profesor Rodrigo Castillo no se le pueden tachar vicios de esa naturaleza".

"¿Por qué hasta ahora —se pregunta Carlos Orbin Montoya— se sacan a relucir esas acciones como vicio político, y no tuvieron el valor de decir nada cuando un jefe de Estado se presenta en total estado de ebriedad a su despacho?".

LUCHA DEL PODER

Este tipo de acusaciones las atribuye Carlos Montoya a la lucha por el poder, aspiraciones presidenciales anticipadas.

"Son varios los aspirantes —acusa Montoya— y están tan desesperados que en la recientes elecciones internas se dedicaron a cazar credenciales a diestra y siniestra".

Frente a esta aseveración, le preguntamos a Montoya si acaso don Alberto Rodríguez Espinoza —que ha sido el blanco de los ataques— tiene aspiraciones presidenciales.

—Él no, pero puede ser instrumento —respondió

—¿Instrumento de quién?

—De algún aspirante en particular.

—¿Fuerte?

—Pudiera ser muy fuerte"

—¿Y tiene la venia del doctor Suazo Córdova?

—No sé... Tanto así no puedo opinar, pero como él está en recuperación, casi todo mundo usa su nombre para justificarse.

—¿Carlos Flores es uno de los precandidatos?

—Pues él aspira, es un fuerte aspirante. Creo que también lo son el abogado Bú Girón y el ingeniero Azcona, ambos tienen muy buenos méritos.

—¿Solamente esos tres son los precandidatos?

—Hay otros —respondió Montoya—, existen alternativas como Óscar Mejía Arellano, el mismo Jorge Bueso Arias podría ser un candidato dentro del Partido Liberal.

—¿Apoyaría el rodismo —preguntamos— a Jorge Bueso Arias siendo un dirigente alipista?

—Pues en una crisis —advirtió Montoya— lo importante de salvar a Honduras. En todo caso, me parecen prematuras estas aspiraciones, y ese manipuleo, y creo que de no calmarse los ánimos, sería la mejor aspiración pues las cosas pueden degenerarse.

YO NO SOY ASPIRANTE

Reveló Carlos Montoya que él no es aspirante presidencial, "y ni siquiera soy aspirante a continuar en el Congreso Nacional".

"Veo que todo este pleito es muy anticipado. ¿qué va a pasar si las elecciones para candidatos a diputados se hacen directamente en consulta con el pueblo? ¿Qué pasaría si metemos en el Congreso Nacional una reforma de la ley electoral, en el sentido de que los candidatos presidenciales sean seleccionados directamente por el pueblo, y que solo pueden aspirar a aquellos ciudadanos que tienen ciertos requisitos de militancia dentro de un partido?", se preguntó Montoya.

"Entonces —se responde él mismo— todo se ha manipulado en la cúpula y todo ese pleito, de nada serviría. Por el contrario, habría contribuido a desgastar las posiciones de una corriente tan fuerte como es el rodismo".

"Y esto es lo que yo he tratado de armonizar. He tratado de mediar entre Rodríguez Espinoza y Castillo Aguilar, y por eso me he visto envuelta en estos conflictos sin ninguna necesidad".

¿APOYO EN EL CONGRESO?

De las palabras de Carlos Montoya se desprende cierta seguridad de que el Congreso Nacional podría contar con el apoyo necesario para lograr las reformas electorales que él advierte, ¿es cierto?

"Yo creo que se lograría algo —contesta nuestro entrevistado— y quizás la mayoría necesaria para aprobar eso".

Finalmente, Carlos Montoya expresa que lo que a él no le ha gustado en absoluto es que se pretenda ignorar el respeto y la decisión en conjunto que el ingeniero Azcona tome dentro del Central Ejecutivo.

Azcona es un hombre íntegro, es un hombre honrado —dijo.

Eso —concluye Montoya— lo va a decidir el pueblo liberal.

Este manipuleo, señala Montoya, está desgastando al Rodismo.

FLORES FACUSSE: SOY VALIENTE, CAPAZ, INTELIGENTE Y HONESTO

En política hay "muertos" que han resucitado y José Azcona, que es "una persona con vigencia, con liderazgo, con grandes cualidades morales dentro del partido, puede en cualquier momento continuar siendo la figura que siempre ha sido en el Partido Liberal", dijo ayer Carlos Flores Facussé.

El ministro de la Presidencia, en conferencia de prensa, aclaró ciertas situaciones que han devenido como consecuencia de la renuncia de José Azcona —una actitud netamente personal— y de las divergencias que existían internamente entre los miembros del Consejo Central.

Señaló que actualmente resulta prematuro hablar de pre-candidatura presidenciales y lo que interesa es procurar que el partido se mantenga en el poder y aclaró que el movimiento liberal rodista y sus militantes deben mantenerse unidos alrededor del coordinador del mismo, Roberto Suazo Córdova.

AZCONA, UN HOMBRE DE GRAN VALOR DENTRO DEL LIBERALISMO

Azcona, de quien Carlos Flores dijo ser amigo y "espero que él siga siendo amigo mío" disentía —en pleno derecho— de las decisiones del Consejo Central, no desde ahora sino de tiempo atrás. Pero en un organismo colegiado debe respetarse la disciplina, según el funcionario.

"Creo que las personas que pierden la paciencia, la serenidad y pierden la dulzura del carácter, se exponen algunas veces a perderlo todo, no creo que sea este el caso del ingeniero Azcona, porque él tiene mucho cariño al Partido Liberal. Puede que sea una situación particular, del momento, en que él ha tomado algún tipo de decisiones que son muy personales de él", dijo.

"Yo he visto —agregó— en política que muertos resucita y si resucitan los muertos, el ingeniero Azcona perfectamente puede hacerlo, ya que es una persona con vigencia, con liderazgo, con grandes cualidades morales dentro del partido y puede en cualquier momento continuar siendo la figura que ha sido en el liberalismo".

Flores agregó que José Azcona es una de las personas más valiosas que tiene el Partido liberal, y que tomó su decisión como él mismo lo expresó a renunciar de su cargo.

"Respetamos su decisión. Su actitud no viene a producir crisis dentro del gabinete de gobierno, creo que hay personas que pueden sustituir a cualquiera de nosotros en las funciones que desempeñamos en el gobierno central o en entidades descentralizadas... La única figura que consideramos imprescindible en el gobierno es el Doctor Roberto Suazo Córdova", indicó Carlos Flores.

ECHAR LA CULPA AL MÁS VISIBLE EN ESTOS CASOS

Carlos Flores estimó que algunas veces las personas le "echan la culpa a alguien de algo que está sucediendo", sin percatarse que ellas mismas son culpables de su fracaso como resultado de sus actuaciones.

Considera que actúa en esta oportunidad como "parachoques" de los ataques de las personas que no se atreven a culpar a los rodistas representados en el movimiento central o en los miembros del Consejo Central.

"Quizás por tacto político no quieren echarle la culpa...Y escogen a uno, al más visible, tal vez el que tenga mayor inquina y en ese caso, yo tengo la suerte de ser algunas veces el más visible en este tipo de situaciones", aseguró.

"No es este el caso particular, pero sucede que algunas veces la capacidad, la honestidad, la inteligencia, le repugnan a alguna gente. Entonces nosotros, en ese sentido, queremos expresar que los que somos así, así somos y nacimos y no vamos a cambiar solamente porque hay agente que siente algún tipo de fricción porque existen personas capaces, inteligentes y honestas en este gobierno", adujo el ministro de la presidencia.

El ministro de la presidencia ingeniero Carlos Flores
en conferencia de prensa ofrecida ayer.

AMBICIONES PREMATURAS

Estimó que siempre se le dijo a las personas que se mantenían alrededor de José Azcona y que buscaban su candidatura presidencial, que tal actitud era muy prematura y que "nosotros deberíamos aportar nuestro caudal político, cualquiera que fuese, alrededor del movimiento liberal rodista y alrededor del doctor Roberto Suazo Córdova para que en su oportunidad se tomara la decisión".

Pero algunos no estuvieron de acuerdo con eso —dijo.

—¿Tiene intenciones presidenciales para las elecciones del 85? —le consultamos al ingeniero Flores Facussé.

"Hemos expresado que cualquier caudal político que nosotros tengamos en lo personal lo vamos a aportar al movimiento liberal rodista como movimiento y al Partido Liberal. Creemos que las decisiones se van a adoptar en su oportunidad cuando convenga tomar esas decisiones, no por el criterio personal que pueda tener alguien en particular, sino por la expresión de la voluntad mayoritaria de los miembros de las dirigencias", dijo.

VALIENTE PARA SOPORTAR CRÍTICAS Y CALUMNIAS

En política hay que soportar de todo y "no hay que ofuscarse, hay que ser un poco valiente, incluso para soportar la crítica que a uno se le hace y hasta para tolerar algunas veces las calumnias las injurias que uno es objeto."

"Hay personas que se han revestido de esta paciencia anteriormente. Recordamos la barbaridades que le dijeron a Modesto Rodas Alvarado y a Roberto Suazo Córdoba en la campaña y ahí están las figuras de esos dos hombres", indicó Flores.

--Sindicalistas decretan estado de alerta--
POR PADECER DE UNA "DESVIACIÓN SÍQUICA" NO QUIEREN A CARLOS HANDAL DE MINISTRO

- *Pide SEPCAMAT amplio apoyo de las organizaciones populares para evitar que se materialicen las "maquiavélicas ambiciones" del viceministro de Obras Públicas, Carlos Handal.*

Porque es una persona que "parece padecer de una desviación síquica", que se ha comportado como "verdadero enemigo de los trabajadores", el presidente del Sindicato de Empleados Públicos de Caminos y Mantenimiento de Aeropuertos y Terminales (SEPCAMAT), José Alfredo Flores, dijo ayer que no querían ver al ingeniero Carlos Handal Handal en la posición de ministro de Comunicaciones, Obras Públicas y Transporte (Secopt).

La reacción del dirigente sindical surgió a raíz de fuertes rumores, provenientes de casa presidencial que hacían suponer que el actual viceministro de Obras Públicas, Carlos Handal Handal, sería el sustituto de José Azcona Hoyo por lo menos interinamente hasta terminar este año.

"Nuestra organización desde hace mucho tiempo ha considerado al ingeniero Carlos Handal Handal —dijo José Alfredo Flores— como una persona que puede definirse en dos aspectos: en primer lugar, como a una persona no muy centrada. Dos: como una persona que parece que tiene una desviación síquica, o bien Podría ser que en realidad sus actos los hacen en forma consciente, y en ese último sentido podríamos catalogarlo como enemigo de los trabajadores".

El presidente del SEPCAMAT explicó que desde que se anunció la candidatura de Handal Handal para ocupar el cargo de ministro "nuestra organización está en estado de alerta", advirtiendo luego que de concretarse el anuncio, "esta organización sindical va a luchar hasta las últimas consecuencias porque este funcionario político no materialice sus maquiavélicas ambiciones, como la de destruir el sindicato"

También pidió "la más amplia solidaridad a las organizaciones populares de este país, para que juntos luchemos contra el complejo de grandeza de hombres como el ingeniero Carlos Handal Handal".

BRILLANTE LABOR DE AZCONA.

Sobre la renuncia de José Azcona Hoyo del alto cargo en SECOPT, Flores dijo que los trabajadores la recibieron "como un balde de agua fría", mientras que como liberal —Flores pertenece a la corriente reinista de la ALIPO— analizó que lamentaba que "mezquinos intereses de ciertos grupos desde ya estén asegurando la derrota del Partido Liberal en 1985".

"La labor del ingeniero José Azcona Hoyo —dijo— es una labor brillante dentro de esta secretaría de estado labor que ha ganado el respaldo de la comunidad nacional".

"El ingeniero Azcona, por su honradez, por su capacidad, por su rectitud en un momento político tan difícil supo conducir en una forma bien acertada los destinos de esta institución", dijo Flores.

CANDIDATO GANADOR EN ELECCIONES DEL DOMINGO

LA LIMA.- Oscar Arturo Troches (Petete), candidato a la presidencia del Consejo local liberal de La Lima, por el poderoso movimiento liberal rodista en las elecciones practicarse el 21 de agosto.

El popular Petete es hombre de Gran arrastre entre las masas liberales limeñas, por su espíritu de servicio, su simpatía y por su amor a la comunidad la cual ha sabido servirla con abnegación patriótica y desinterés ejemplar.

Según Benigno Irías
DIPUTADO RODISTA TRABAJA POR LA ALIPO

TEGUCIGALPA. — El diputado liberal rodista, Armando Rosales Peralta, fue acusado formalmente por sus correligionarios de estar trabajando para garantizar el triunfo de la Alianza Liberal del Pueblo (ALIPO) en Olancho.

La acusación, que podría significar el descenso en la carrera política de Rosales Peralta, fue lanzada ayer por el primer vicepresidente del Congreso Nacional, abogado Benigno Irías.

Como se sabe, desde el mismo instante en que se anunció la integración de las planillas para elegir los consejos locales liberales, comenzaron las fuertes discrepancias entre los líderes olanchanos.

Benigno Irías fue señalado por su principal adversario, correligionario y compañero de corriente interna, a la vez, de ser el dirigente rudista más repudiado en el vasto departamento de Olancho.

Sobre este particular, Irías dijo ayer que César Rosales, hermano del diputado Armando, no tiene ninguna autoridad pues abandonó su cargo en el consejo local liberal de Juticalpa, en plena campaña.

"En Juticalpa —agregó Irías Gómez— no existe consejo local liberal porque está desintegrado. Aquí en el departamento de Olancho todo está tranquilo y todo es júbilo, pues ya están conformadas las planillas de los 22 municipios y no existen una tan sola que sea fantasma.

"Quiero aclarar al pueblo liberal y al rodismo, que el diputado Rosales Peralta, junto con su hermano, están trabajando por la ALIPO. Han hecho un pacto indigno con Gustavo Gómez Santos y un grupo de individuos que tienen antecedentes criminales", concluyó.

Hall Rivera:
A LAS 10 DE LA MAÑANA HABREMOS TRIUNFADO

EL PROGRESO, Yoro. —Antes de las 10 de la mañana del domingo, el Movimiento Liberal Rodista habrá triunfado rotundamente en los comicios internos que el partido liberal realizará en esta ciudad, pronosticó el dirigente Williams Hall Rivera.

El conocido diputado reiteró que el triunfo será definitivo y que la Alianza Liberal del Pueblo (ALIPO), no tiene ninguna oportunidad ya que su movimiento no cuenta con el apoyo de las bases.

"Nosotros estamos listos para llegar a las urnas en cualquier momento, no para perder, sino para ganar con absoluta mayoría, pues al contrario de lo que ocurre con la ALIPO, tenemos el respaldo de las mayorías", sostiene Hall Rivera.

DESCONTENTO EN LO MISMO DE POTRERILLOS, CORTÉS

POTRERILLOS, CORTÉS.— Los líderes rodistas de este municipio, Alfredo Hernández, Adrián Rivera, Maximino Alvarado y otros del sector Bananero de Higuerito, manifestaron su desacuerdo con el nombramiento de la planilla de su corriente que al parecer fue impuesta por las autoridades del partido sin contar con el apoyo de las bases.

"Yo lo dije: consideramos esto un abuso de las autoridades del rodismo," dijeron los pensionados liberales, "ya que la planilla que nos han impuesto no la conocen las bases, ya que anteriormente había expresado su voluntad en una asamblea pública en la cual habían electo su planilla"

Los responsables de esta arbitrariedad, dijeron finalmente, son los señores Gabriel Aguilar, Carlos Arturo Bueso y el nacionalista infiltrado Arnulfo Castillo, quienes tratan de repartir a su antojo todas las credenciales del departamento de Cortés para la próxima convención liberal.

(Miguel A. Paz, corresponsal)

MARCELINO PONCE: AUTÉNTICO LÍDER LIBERAL EN LA CEIBA

LA CEIBA.— Una amplia interesante exposición de criterios se originaron en la conferencia de prensa ofrecida aquí, por el movimiento liberal rodista, a pocas horas del gran debate interno que marcará la verdadera representatividad del Partido Liberal.

Los expositores, insistiendo una y otra vez sobre los renglones democráticos que delinean sus principios, sostuvieron individualmente la tesis como la única tendencia reconocida oficialmente en el consejo central ejecutivo.

A la interrogante de que si la autenticidad del movimiento descansaba en el prestigio ganado por el coronel Marcelino Ponce en sus muchos años de bregar dentro del partido, se respondió categóricamente que las líneas del Movimiento Liberal Rodista están bien trazadas, formadas por elementos de reconocida militancia dentro de las filas rojo-blanco-rojo, reconociendo en el viejo líder don Marcelino Ponce, al hombre que indudablemente orienta, educa y forja los elementos más capaces que puedan sostener los ideales del Partido Liberal.

Estuvieron presentes en este interesante exposición el P.M. Roberto Padilla, presidente del Consejo local liberal; Br. Miguel Roberto Suazo, presidente del Consejo departamental liberal de Atlántida, Ing. Marco Antonio Ponce, diputado por el departamento de Atlántida; abogado Neftalí Montoya y profa Matilde de Miranda. Integrantes de la planilla propuesta al consejo local, P.M. Roberto Dip, director del comité de propaganda del movimiento liberal rodista.

MUC BUSCA ELECCIONES INTERNAS

TEGUCIGALPA. Tras analizar el fallo del Tribunal Nacional de Elecciones, TNE, los dirigentes del grupo disidentes del Partido Nacional han iniciado una serie de actividades sin darle mayor publicidad por cuestiones estratégicas.

Desde ayer, los dirigentes y convencionales que militan en el Movimiento de Unidad y Cambio (MUC) comenzaron a "trabajar" a las bases nacionalistas para que exijan una consulta popular y escoger ahí las nuevas autoridades del viejo partido.

De acuerdo a los informes suministrados por miembros del Partido Nacional que no apoyan al nuevo comité central, los dirigentes del MUC pretenden ahora que, a través de elecciones internas se ponga el término al acuerdo suscrito entre ellos y el sector oficialista que representa a Ricardo Zúñiga Agustinus.

Los trabajos de concientización han comenzado en la capital y ciudades importantes como San Pedro Sula, Choluteca, Comayagua y la zona oriental del país, para persuadir a los convencionales sobre la conveniencia de pronunciarse en favor de una consulta con las bases.

También han iniciado actividades encaminadas a persuadir a los 283 presidentes de los comités locales de todos los municipios del país, para que interpongan su renuncia y dar oportunidad de hacer electos o a cambios, a través de elecciones internas.

Hasta el momento, los principales dirigentes del MUC no han querido pronunciarse sobre esta actividades encaminadas a lograr que el fallo del TNE no les perjudique en forma acentuada y lograr dentro de pocos meses, recuperar parte del poder político que perdieron desde la tarde el miércoles anterior.

RODISTAS SANPEDRANOS GUARDAN SILENCIO SOBRE CRISIS MLR

SAN PEDRO SULA. Del movimiento liberal rodista en esta ciudad se han llamado a un calculado silencio frente a la crisis que enfrenta esa corriente del Partido Liberal.

Algunos no se dejan ver por los periodistas, y los pocos que han sido localizados y luego hablan sobre la situación del realismo a partir de la renuncia del ministro José Azcona Hoyo.

El presidente del Consejo local liberal de San Pedro Sula, Tulio Bueso, se limitó a decir "que si él (AZCONA) se va al Central ejecutivo, otro viene".

Bueso se escabulló del reportero cuando El Informador le solicitó declaraciones sobre la convulsa situación interna que viva el rodismo, que culminó con la separación de Azcona Hoyo de la presidencia del Consejo Central Ejecutivo del Partido Liberal.

Por su parte, el alcalde municipal, Juan Fernando López, a través de su secretaria, se excusó de hacer declaraciones argumentando que "Ahorita va para la inauguración de un proyecto".

A las 10:15 de la mañana del viernes, cuando Juan Fernando López presentó este pretexto, el reportero consultó con la oficina relaciones públicas de la municipalidad, y los encargados de la misma dijeron desconocer lo relacionado con la supuesta inauguración del proyecto.

"Ahorita todo mundo, dentro del rodismo, está esperando que se aclare el panorama; nadie dirá nada hasta ver quién es el gallo, Azcona o Carlos Flores Facussé", expresó un dirigente del movimiento liberal reinista que prefirió continuar con el anonimato, "Porque como dicen los rodistas, su problema es de ellos y a nosotros no nos concierne".

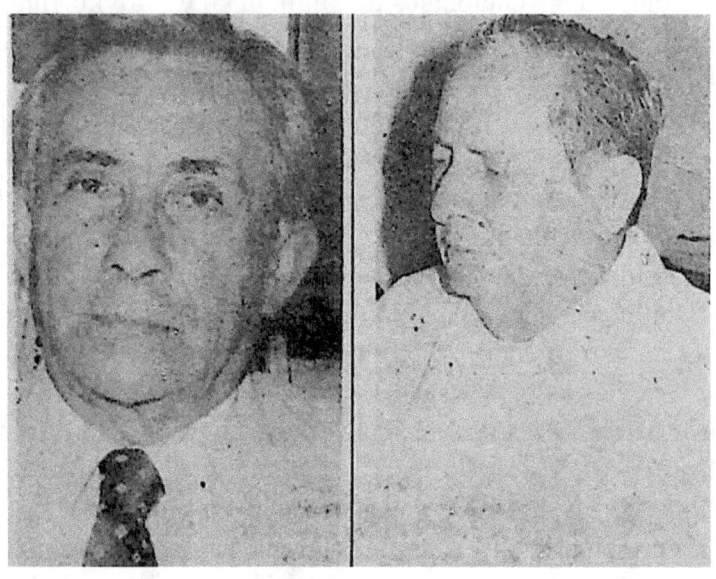

JUAN FERNANDO LÓPEZ.   TULIO BUESO

"CORRIENTES" NO DEBEN DESAPARECER: FLORES FACUSSÉ

El ministro de la presidencia, Carlos Flores Facussé, se pronunció en contra de la abolición de las corrientes internas del Partido Liberal y de otras agrupaciones políticas, "pues no sería productivo ni correcto".

Flores Facussé, actual secretario de Finanzas del Movimiento Liberal Rodista (MLR), dijo estar en desacuerdo de quienes propugnan por la eliminación de las corrientes internas, como movimientos permanentes dentro de los partidos políticos.

"Parece que los liberales que andan propugnando esto se olvidan que el doctor Modesto Rodas Alvarado decía que el MLR era una corriente doctrinaria dentro del partido, que había que darle, no solo vigencia y continuidad, porque es una corriente que se enmarca dentro de un evento específico electoral, sino que era una corriente que está cimentada en el pueblo", señaló el ministro.

Indicó Flores que se va a duchar porque él MLR sea una corriente permanente dentro del PL, así como la existencia de otros grupos internos porque "creemos que son instituciones necesarias en la democracia".

SEPCAMAT REPUDIARÁ EN ASAMBLEA CAMPAÑA DESATADA CONTRA AZCONA

El sindicato de empleados públicos de Caminos, Mantenimiento, Aeropuertos y Terminales (SEPCAMAT) realizará hoy una asamblea para repudiar la actitud "canibalesca" de algunos políticos del Partido Liberal que la han emprendido contra el ingeniero José Azcona del Hoyo, ex titular de la Secretaría de Comunicaciones, Obras públicas y Transporte (SECOPT).

El presidente del SEPCAMAT, José Alfredo Flores, dijo que la asamblea, a la cual han sido invitados todos los trabajadores de SECOPT, tiene también como objeto alertar y motivar a los afiliados a mantenerse unidos frente a las posibles amenazas de despidos que podría ejecutar el sustituto de Azcona Hoyo.

Expresó que la renuncia del ingeniero Azcona como ministro de esa secretaría es una medida precipitada, pero justificada porque es un funcionario de honor y orgullo que ha vivido la dignidad de cada uno de los liberales.

Agregó que Azcona Hoyo "ha estado siendo atropellado por diputados y políticos del Partido Liberal que persigue intereses mezquinos, sin importarles el daño irreparable que le hacen al país".

AZCONA

Manifestó que la junta directiva del SEPCAMAT ha llegado a la conclusión de que el nuevo ministro que sustituirá a Azcona "vendrá influenciado por esos malos diputados y políticos, para que efectúe despido de trabajadores, cosa que no pudieron lograr durante la administración de Azcona Hoyo".

El dirigente sindical asegura que si el nuevo ministro llega con intenciones de despedir empleados, "Nosotros desde ya le advertimos que se encontrará con una feria de resistencia por parte del SEPCAMAT".

Finalmente, dijo que la asamblea se efectuará a las 4 de la tarde en la sede de la Federación Central de Sindicatos de Trabajadores Libres de Honduras (FECESITLIH), en Comayagüela.

(TIEMPO) 29 de agosto de 1983

MATREROS

Por: D. VILLAFRANCA

Los partidos políticos siguen abriendo el camino hacia la descomposición social en nuestro país.

Nada más lo más lamentable es que sea el "liberalismo" el que en estos momentos esté marcando sendas de perdición.

Antes, el Partido Liberal combatió todos los asomos de fraude, para combatir a su eterno rival, el Partido Nacional.

Hoy, los dirigentes liberales empuñan El Garrote de la deshonestidad y se cobijan mansamente y a la luz pública, con un manto de hipocresía y de falsas definiciones.

En los últimos tiempos se ha dicho que los partidos políticos son caducos y obsoletos, pero la realidad es que son más que eso; son grupos de corrupción política.

Hay una situación de proliferación negativa, que se ensaña contra el pueblo hondureño que de buena fe cree en sus líderes, pero que, a la larga, será ese mismo pueblo quien se encargue de desenmascararlos y colocarlos en la picota.

Aquí ya no hay a quién creer, porque si el Partido Liberal ha sido una bandera de lucha contra los oscurantismos y el atraso, en los momentos que vivimos en una anulación clara de las viejas prácticas de algunos grupos nacionalistas del pasado.

La carroña de los hombres se hace sentir sobre los principios más elementales de la decencia y la democracia, para dar paso a una fuerza superior de corrupción.

Los últimos acontecimientos en las elecciones internas del Partido Liberal constituyen un ejemplo claro e indestructible de la realidad, que llena de múltiples preocupaciones a muchos de sus dirigentes y a los sectores que militan en las demás agrupaciones partidistas.

Si el poder se tiene, y se cree en una inmensa mayoría… ¿ Por qué temerle a las votaciones? Simplemente hay debilidad de inseguridad en algunos.

(TIEMPO) 29 de agosto de 1983

102 MIL VOTARON EN ELECCIONES INTERNAS

SAN PEDRO SULA. —Un total de 102 mil 404 militantes del Partido Liberal concurrieron a las elecciones internas de ese Instituto Político, el 21 anterior, en los 12 municipios del departamento de Cortés.

De la cantidad aludida, el Movimiento Liberal Rodista (MLR) obtuvo 71 mil 992 votos contra 30 mil 412 de la Alianza Liberal del Pueblo (ALIPO), según datos suministrado oficialmente por Vocero del Consejo departamental de Instituto Político.

He aquí el cuadro:

DEPARTAMENTO DE CORTÉS

MUNICIPIO	RODISMO	ALIPO
SAN PEDRO SULA.	28,766.	15,378
CHOLOMA	4,740	5,549
LA LIMA	8,676	1,368
OMOA.	8,254.	612
POTRERILLOS.	1,508.	1,116
PUERTO CORTÉS	12,246.	2,162
SAN ANTONIO.	1,980.	225
SAN MANUEL.	1,889.	711
SAN FRANCISCO DE YOJOA		
VILLA NUEVA	3,933	3,291
PIMIENTA	-	-
SANTA CRUZ DE YOJOA.	-	-
TOTALES	**71,992**	**30,412 30%**

Editorial

INYECCIONES PARA LA DEMOCRACIA

Hace un cuarto de siglo, y aún en nuestros días, se usaba inyectar una serie dolorosas medicina a los pacientes que sufrían de falta de apetito y debilidad.

Los reconstituyentes, suministrados intramuscularmente, eran el terror de los niños y la tortura de los adultos.

Hoy en día, las medicinas de uso oral han disminuido las inyecciones, pero hay casos desesperados en que no puede hacerse a menos de las mismas.

Si examinamos nuestras anémicas democracia, debilitada por el parasitismo político y por las hemorragias del derroche, y de la incorrecta utilización de los recursos, y hasta por las destelladas de la corrupción, apreciaremos que urge una terapia salvadora, para que más tarde no se recurra a la bayoneta como bisturí de una autopsia.

La democracia no debe morir, pero tampoco debe vivir enferma.

Honduras sigue teniendo dos grandes partidos que representan —o deberían de representar— al 90 por ciento de los ciudadanos.

El liberalismo y el nacionalismo se han alternado, por el voto o por las botas, en el disfrute del poder y, con excepciones que se puedan contar con los dedos de una mano, también ha existido la alternabilidad para administrar e impulsar al país por la senda del progreso.

Hoy, el liberalismo y el nacionalismo están enfermos, nos acosa el mismo mal; ambos quieren tener hijos ilegítimos en las próximas candidaturas a la Presidencia o al Congreso Nacional.

Se está experimentando con la paciencia del pueblo para ver si acepta el artificio de los hijos en probeta, donde las candidaturas se elaboran en un oscuro laboratorio, donde intervienen diestros en la manipulación, donde el elector es el gran ausente, donde el pueblo solo es padre putativo de las ambiciones fecundadas con el fraude.

Cada día es más visible la lucha interna que se está librando en los partidos históricos (que cuando caen en el canibalismo se convierten en partidos prehistóricos) y los golpes que se propinan son demoledores.

Pero no se trata de golpes en contra de la corrupción sino —y ahí está lo enfermizo— de atentados contra la democracia, donde a la cabeza del hombre honesto, ajeno al servilismo y a la incondicionalidad, se le pone precio, para que se exponga en la picota pública, como si la rectitud mereciera castigo y produjera vergüenza.

No nos llamemos a engaño. La democracia de Honduras está enferma, y es una enfermedad artificial, puesto que no proviene del contagio, sino de la inoculación premeditada del germen del mal por manos criminales, en la estructura y en la conducta de los partidos a veces históricos y en otras oportunidades prehistóricos, o antihistóricos, cuando niegan las mejores tradiciones republicanas.

No hay lugar a dudas que el mal es permitido por la armazón jurídica que soporta la democracia. Una armazón carcomida y sin reparaciones, donde se ha ido descuidando la vertebración ética e ideológica, para ceder el lugar a las más bajas ambiciones entre individuos que tienen como común denominador la mediocridad.

Es probable que si para participar en el juego del poder se exigieron más capacidad. Muchos de los aspirantes se apartarían para no haberse eliminados en la primera vuelta del torneo político; pero como esa exigencia no existe, los colmillos largos están en primera línea.

Esta deformación de las oportunidades democráticas son causas y efecto del mal que aqueja a los dos partidos mayoritarios de Honduras, enfermedad preocupante por su rápido crecimiento y sus múltiples ramificaciones.

La corrupción política y el fraude electoral ya no son ensayados en una esfera, sino que han comprometido casi todas las capas del sistema democrático.

Se extienden por los tres poderes del Estado, como en la estructura ideológica de cada partido, atentan contra los líderes y dirigentes que tratan de salvaguardar los valores que lucen amenazados, que invitan a participar en el sector castrense.

Para que a la democracia no le claven mañana bayonetas, hay que inyectarle ahora recursos medicinales, ideas salvadoras, prácticas adelantadoras, oxígeno popular.

Todo el mal se circunscribe a pocas personas que pueden ser neutralizada con la voluntad creativa y la firmeza de principios que debe acompañar a todo aspirante a hombre público.

Los partidos deben crear mecanismos confiables de consulta popular, deben suprimir las injusticias hechas ley que oficializan las corrientes y marginan a las mayorías. Pero, sobre todo, deben prever lo que sucederá si no se le inyecta estos constituyentes a la democracia.

EL MUINDO VISTO POR RAVIBER

(EL HERALDO) 27 de agosto de 1983

Afirma Roberto Micheletti

AZCONA YA HABÍA MANIOBRADO PARA REESTRUCTURAR CENTRAL EJECUTIVO

Roberto Micheletti, miembro de la "bancadita" liberal en el Congreso Nacional, declaró que no se debería seguir protestando por la sustitución de José Azcona Hoyo como presidente del Consejo Central Ejecutivo del Partido Liberal (CCEPL), porque él también participó en una maniobra parecida.

El controversial parlamentario sostuvo que un grupo de liberales, entre ellos el propio Azcona Hoyo, le hizo la misma acción a Marcelino Ponce el año anterior, cuando se reestructuró el CCEPL por cuestiones de tipo político.

Micheletti agregó que lo ocurrido en el central ejecutivo no divide al Partido Liberal ya que "estamos unidos y lo demostraron las bases en las pasadas elecciones".

Comentó que la "situación es bien clara" y que a nivel de bases todos los liberales están firmes y unidos, agregando que cuando se normalice la que calificó "una llamarada de Tusa" los dirigentes seguirán trabajando para beneficio de su Instituto Político.

(LA TRIBUNA) 27 de agosto de 1983

CONFIDENCIAS POLÍTICAS

*** Las elecciones produjeron un vitriólico enfrentamiento público entre dirigente de todas las corrientes y aspirantes a corrientes del partido liberal, culminando con la renuncia del ingeniero Azcona Hoyo (hombre honesto y dinámico), como ministro de la SECOPT y la reestructuración del Consejo Central Ejecutivo del Partido Liberal (C.C.E.P.L.)

*** Parece que el origen del enfrentamiento en el C.C.E.P.L. se originó tiempo atrás, desde que se fijó la fecha para las elecciones internas. La mayoría en el consejo quería elecciones para el 21 de agosto y Azcona Hoyo las quería para el 28. (La ALIPO tampoco las quería el 21). La situación llegó a tal grado que Azcona consideraba las votaciones como algo personal en su contra. Aunque también hay quien asegura que el pleito es por la candidatura presidencial. (Los amigos de Azcona se mantenían activos porque aseguraban que él tenía aspiraciones presidenciales, lo cual no es un pecado).

*** De allí que allá, y el entonces presidente del Central Ejecutivo continúa en constante disputa con los otros miembros por cuestiones relativas a los reglamentos, a los carnets (que esta vez se los entregaron a las corrientes y no a las autoridades locales del partido como corresponde), a las planillas, a las credenciales, etc. etc. etc.

*** Había opiniones encontradas. El movimiento rodista en su mayoría sostenía que las planillas deberían ser presentadas por el directorio central de las corrientes al central ejecutivo para su inscripción, pero que este organismo no tenía por qué meter su cuchara, haciendo Diablos de zacate, poniendo a uno y quitando al otro de los propuestos.

*** Si el central ejecutivo tuviera esta potestad, entonces bien podría --digamos-- poner rodistas en las planillas presentadas por la ALIPO o viceversa, y por ello los estatutos no les dan esta facultad a la autoridad máxima del partido.

*** Al final el problema se centró en la planilla de tres departamentos. Pero como Rodrigo Castillo se fue del país en un viaje de la FENAFUTH, entonces el asunto de circunscribió a Francisco Morazán. Sin embargo, la renuncia de Azcona del ministerio, según sus propias palabras, fue porque "Suazo Córdova había ratificado todas las planillas y eso lesionaba mis derechos".

*** En cuanto a las elecciones internas hay algunas cosas que apuntar. En Comayagüela y Tegucigalpa los rodistas obtuvieron unos 30,000 votos más que en las pasadas elecciones internas.

***La ALIPO de Jorge Bueso obtuvo 5000 votos menos que cuando participó en la de Carlos Roberto y Jorge Arturo. Esta vez el dueño de La pequeña Lulú no se movilizó y al filósofo "galillo de pitoreta" se le hizo toda la movilización, con resultados muy pobres.

*** A la ALIPO no le fue del todo mal en San Pedro Sula y El Progreso, y no le fue del todo bien en Copán. En los demás lugares, incluyendo Olancho, prácticamente los rodistas les metieron capote.

*** Toño Ardón anda movilizando un grupo de diputados en el Congreso Nacional para eliminar las corrientes internas. Dicen que tienen la firma de 10 diputados liberales. O sea que pretenden que desaparezca la ALIPO y el Movimiento Liberal Rodista. Tanto que le costó a Rodas la corriente, tantos consejos que les dio a sus pupilos diciéndole que siempre mantuvieran vivo y vigente el movimiento para que ahora le quieran dar jabón al movimiento que lleva su nombre.

*** Quienes seguramente han de estar dando brincos de alegría son los seguidores de los hermanos Reina. Ya días viene hablando de candidaturas independientes dentro de los partidos porque es el único chance que le ven a Carlos Roberto para que pueda ser candidato.

*** Los cachurecos, por su parte, están igual o peor que los Colorados. El TNE dejó a Vicente la directiva del pacto. Pero Nicolás, que es presidente, quién sabe cómo le va a ir si el resto de la directiva es de Unidad y Cambio. Y por el momento... Cambio... Y fuera...

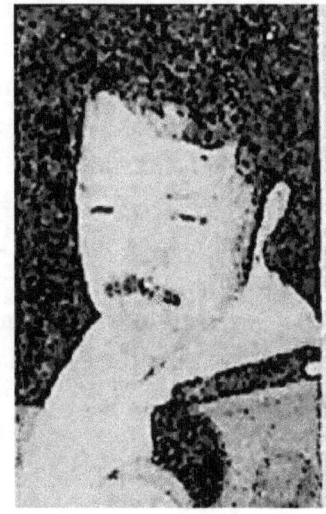

ANTONIO ARDÓN   *CRUZ T.*

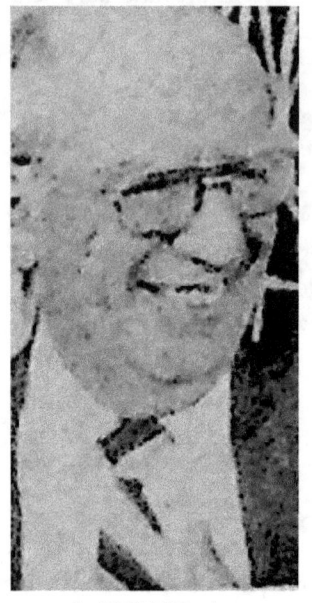

J. BUESO A.   R. CASTILLO

(LA TRIBUNA) 27 de agosto de 1983

-- No le importó perder la presidencia del CCEPL pero...--

REACCIONA MOLESTO JOSÉ AZCONA HOYO CONTRA QUIENES LE LLAMAN AMBICIOSO

Dolido reaccionó ayer José Azcona Hoyo por expresiones de algunos de sus correligionarios que le llamaron ambicioso, dando a entender que su renuncia del Ministerio de Comunicaciones, Obras Públicas y Transporte no es la actitud de un hombre honesto, sino que la de un hombre cegado por la ambición de poder.

En un foro de radiodifusión, Azcona sostuvo que hablando con justicia, ninguna persona puede acusarle de ambicioso porque, al contrario, desde los tiempos del doctor Modesto Rodas Alvarado trabajó incesantemente por el Partido Liberal, sin pedir nada a cambio ni aspirar a puestos públicos.

Lo mismo hizo durante la campaña electoral de 1980, cuando acompañó a Roberto Suazo Córdova por todos los pueblos de Honduras, por las sierras de La Paz e Intibucá, sin ser candidato a diputado ni figurar en ninguna casilla presupuestaria, agregó.

Si fuera ambicioso —expresó—, hubiese sido fácil decir "amén" a todo lo que dijera el presidente Suazo Córdova y todos los diputados, implicando que por no ser ambicioso no se plegó las imposiciones.

Y que por eso —agregó— ahora se encuentra enfrentando el poder presidencial y de su partido.

"Pero yo no soy así; tal vez soy temperamental o lo que sea, pero no puedo ser hipócrita, no puedo andar con dobleces ni disimular las cosas que no me gustan", dijo Azcona.

NO NIEGA ASPIRACIONES PRESIDENCIALES

Interrogado sobre si aceptaría el respaldo popular para ser lanzado como candidato presidencial por el Partido Liberal, Azcona Hoyo no dijo ni sí ni no.

"En el Partido Liberal hay por lo menos 20, 30 o quizás hasta 50 personas que le gustaría ser presidente de la república. Y aunque ya se sabe que es un sacrificio la responsabilidad que tiene ese sillón, no creo que a nadie que se le presente esa oportunidad, la rechace", contestó.

Aclaró, sin embargo, que el poder de elección del candidato presidencial radica exclusivamente en los delegados a la convención nacional convocada el proceso para elegir al candidato presidencial y los designados presidenciales.

Luego dejó entrever que, con los actuales delegados convencionales, electos en los comicios internos del pasado domingo, tendría pocas posibilidades de que se aceptara su candidatura presidencial.

No obstante, dijo que, siendo idealistas, podría esperarse que los convencionales actuaran de acuerdo con lo que les indica la bases, implicando así su confianza en el apoyo de que disfruta entre las bases del Partido Liberal, que no necesariamente están representadas en los recién electos convencionales.

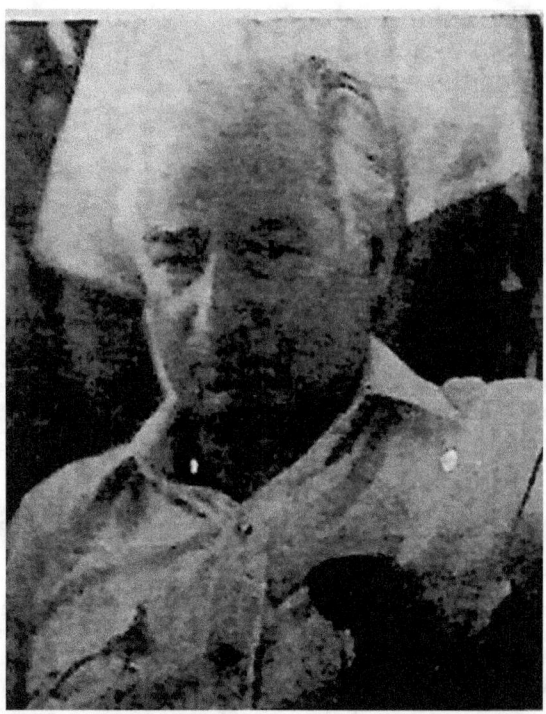

José Azcona Hoyo: "Si fuera ambicioso hubiese sido fácil decir amén a todo lo que dijera el presidente Suazo Córdova y todos los diputados...".

(EL HERALDO) 27 DE AGOSTO DE 1983

REESTRUCTURAN EL CONSEJO CENTRAL EJECUTIVO DEL PL

TEGUCIGALPA, D.C. —Comunicado del Consejo Central Ejecutivo del Consejo Central Ejecutivo del Partido Liberal de Honduras.

Al pueblo hondureño en general y al liberalismo en particular:

COMUNICA:

1) Que con fecha 24 de agosto fue integrada la comisión disciplinaria del CCEPL de Honduras así:

Propietarios: abogada Elizabeth Chiuz Sierra, abogado Gilberto Ochoa, profesor Antonio Andino Sandres.

Suplentes: abogado Jorge Alberto Vásquez, licenciado René Corea, licenciada Ingrid Belinda Díaz.

2) Que en esta fecha fue reestructurado el Consejo Central Ejecutivo quedando organizado en la siguiente forma:

Presidente: Romualdo Bueso Peñalba.

Secretario general: Dr. Pompilio Romero Martínez.

Secretario de Asuntos Juveniles, Obreros y Campesinos: Prof. Rodrigo Castillo Aguilar.

Secretario de Asuntos Financieros: Profesor. Fausto Castillo Suazo.

Secretario de Organización y Propaganda: Juan de la Cruz Avelar.

Secretario de Asuntos Femeninos: Edna Kieffer de Alfonso.

Secretario de Capacitación Política: Ingeniero José Simón Azcona Hoyo.

Tegucigalpa, 25 de agosto de 1983
CONSEJO CENTRAL EJECUTIVO DEL P.L.

"LA PRENSA", 26 de agosto, 1983

Bueso Peñalba
CENTRAL EJECUTIVO NO AGUANTABA YA POSICIONES DE AZCONA HOYO

TEGUCIGALPA, D. C. —El nuevo hombre fuerte del Central Ejecutivo del Partido Liberal, Romualdo Bueso Peñalba, quien hasta ayer era secretario general del organismo que presidía José Azcona Hoyo, reveló a LA PRENSA que para él era una gran responsabilidad el cargo que se le había otorgado.

"Es un peso enorme", dijo para agregar: "Le pido a Dios que me ilumine para ser un puente de cordialidad entre mis correligionarios".

"La renuncia de Azcona del ministerio no tiene que ver con su destitución del Central Ejecutivo. Ha sido una rara coincidencia. Lo que sucede es que el Partido Liberal estaba anarquizado porque él, como presidente, y Rodrigo Castillo Aguilar, como vocal de asuntos juveniles, se oponían a todo lo que acordaba la mayoría", señaló.

"Los demás miembros viendo esa situación se decidieron a organizar el Consejo. Él siempre permanece como miembro del Consejo", dijo.

"Azcona quiso sobrepasarse de los acuerdos de la mayoría. Siempre dijo que debía hacerse lo que él decía, y esto no se podía tolerar", argumentó Bueso Peñalba.

—¿Se ha purgado a Azcona? —le preguntó el redactor.

Y Bueso Peñalba manifestó que solamente en los partidos comunistas se practicaba la purga. Sencillamente el CCE tomó la decisión de reestructurarse, ya que "estamos viviendo un periodo post eleccionario".

—¿Le tiene miedo a Azcona?

"Por qué le vamos a tener miedo, él es un tipo muy galán, no es feo, no veo la razón por qué le vamos a tener miedo".

Para finalizar, Bueso Peñalba afirmó que él fue uno de los que más luchó para llevar a Azcona al Central Ejecutivo.

La realidad es que Azcona ha sido descabezado. La pregunta que surge en el pueblo liberal es si sus ambiciones presidenciales se habrán truncado a partir de ayer.

"LA PRENSA", 26 de agosto, 1983

Por renuncia de Azcona Hoyo
HERVÍA AYER LA CASA PRESIDENCIAL

TEGUCIGALPA. —El Partido Liberal enfrentaba ayer la más profunda división interna desde que se convirtió en gobierno, hace aproximadamente dos años.

La renuncia del ingeniero José Azcona del Hoyo, como titular de la Secretaría de Comunicaciones, Obras Públicas y Transporte, vino a hacer pública una escisión que se ha entronizado en ese instituto político.

Las elecciones internas del pasado 21 de los corrientes fueron la gota de agua que rebasó el vaso, para hacer salir a la luz pública, una serie de profundos resentimientos, ambiciones, intereses personales y políticos y un deseo desmedido de ocupar posiciones en el engranaje gubernamental y del partido.

Ninguno de los dirigentes del partido quiso aceptar la división que vive su instituto político, argumentando que en el sistema político que vivimos, "eso es normal en nuestro partido democrático".

Los dirigentes del Partido Liberal, y todos los diputados al Congreso Nacional, aparentemente ya conocían de la decisión que al mediodía haría pública el ingeniero José Azcona Hoyo, a la sazón, presidente del Consejo Central Ejecutivo del partido, y desde tempranas horas se reunieron en la Casa de Gobierno con el titular de la Secretaría de la Presidencia, ingeniero Carlos Flores Facussé, así como otros dirigentes departamentales de importancia.

Mientras en el salón de conferencias se analizaba con profundidad y seriedad del caso, el ingeniero José Azcona Hoyo, a través de una conferencia de prensa, hacía pública su determinación "con carácter de irrevocable".

Desde ese momento, los dirigentes liberales comenzaron a inquietarse, a caminar rápidamente de un lado a otro en los pasillos de la casa presidencial, haciendo llamadas telefónicas y otras actividades propias del momento.

Varios dirigentes aseguraron que con la renuncia de Azcona Hoyo, se ha puesto fin a sus aspiraciones presidenciales "las que no ocultaba de ninguna manera".

Roberto Micheletti y Marco Antonio Ponce Paguada, los dos únicos integrantes de la llamada "bancadita" que estaban presentes en la reunión de ayer, dijeron que frente a la situación, que "primero está la unidad del partido".

Agregaron que "ellos han asumido algunas actividades de oposición, pero cuando se ha tratado de violar la Constitución de la República. Para nosotros, primero está la nación y el Partido Liberal. El Partido Liberal no solo lo integra un hombre, somos miles y todos debemos demostrar lealtad a nuestro máximo líder, el doctor Roberto Suazo Córdova".

"La situación no es tan grave como se dice", afirmó Marco Tulio Castillo, magistrado de la Corte Suprema de Justicia y líder en el departamento de Colón.

Fue él quien aseguró que Azcona Hoyo tenía aspiraciones presidenciales y que había que dar paso, ante todo, a la unidad del partido.

Por su parte, Micheletti dijo que en "la bancadita no tendrán cabida los resentidos o resentimientos que afectan la unidad del Partido Liberal".

Al concluir la reunión, el diputado por el departamento de Cortés, Marco Prieto, leyó un manifiesto firmado por todos los dirigentes liberales, en donde se hace constar su apoyo incondicional al Consejo Central Ejecutivo del Partido Liberal, y reconocen la autoridad del mismo a través de las decisiones que adopte como cuerpo colegiado. Ese manifiesto es publicado en esta misma edición.

"LA PRENSA", 26 de agosto, 1983

OPINIÓN
UN HECHO INSÓLITO

Que en Honduras renuncie un alto funcionario de su cargo es cosa rara. Pero todavía lo es más cuando quien presenta su dimisión es un Secretario de Estado, un hombre que tiene mucha fuerza dentro de su partido político y un buen ganado respeto dentro del pueblo.

Aun cuando la dimisión del ministro José Azcona Hoyo pueda parecer algo lógico, tomando en consideración los ataques que desde dentro y fuera del Partido Liberal ha recibido después de las pasadas elecciones internas, el asunto se torna algo complicado cuando se trata de llegar al fondo del mismo y ver en toda su dimensión y derivaciones los auténticos motivos que tuvo para hacerlo.

Azcona ha sido uno de los mejores ministros del presidente Suazo Córdova; se le ha considerado (y él lo ha demostrado con hechos) que es un fiel creyente y practicante de la revolución del trabajo y la honestidad.

Su rectitud de conducta es algo que no tiene duda y por eso y otras muchas cosas hay razones para preocuparse.

Todos los partidos en el poder sufren convulsiones internas; también es lógico que haya dentro de la conducta del ser humano determinadas aspiraciones. El Partido Liberal, por su propia estructura abierta es de los que más evidencian sus crisis y por eso de la impresión de estar a menudo muy divididos.

Pero, tal como está la situación, tomando en cuenta que el Partido Liberal ha sido en muchos aspectos sinónimo de estabilidad política, resulta en extremo preocupante que a estas alturas, cuando todavía el presidente Suazo está en plenitud de liderazgo dentro de su partido, que se esté cuestionando a uno de sus mejores hombres para orillarlo obligándolo a dar paso a esta clase de decisiones, que sí son evidencia de una hombría de bien puesta a prueba, son también, o podrían serlo, el camino para que se iniciara una atomización dentro del partido en el poder.

El liberalismo, y con él su corriente mayoritaria, el rodismo, tiene que superar estas discrepancias tan abiertas y tan poco disimuladas. Eso no favorece a nadie y menos aún a la nación hondureña, que quiera paz y estabilidad. Pero esto no se le puede dar, si dentro de casa está la desunión. Conviene entrar en una seria reflexión y ponerle coto a la causa que está motivando esta situación que resulta muy preocupante.

LA "BANCADITA" CRECERÁ

TEGUCIGALPA. – El enorme poder que tiene el Partido Liberal en el seno del Congreso Nacional por contar con mayoría absoluta de votos, quedó en precario a partir de ayer, tras conocerse la agudización de la crisis de este instituto político.

Tras la renuncia del ingeniero José Azcona del Hoyo como ministro de Comunicaciones, Obras Públicas y Transporte, circularon en el Palacio Legislativo, los más variados comentarios sobre el destino que tendrá en breve la famosa "aplanadora liberal".

Azcona del Hoyo solicitó permiso en enero de 1982 para dejar su puesto como diputado propietario por el departamento de Francisco Morazán y poder desempeñarse como ministro.

Ahora que presentó su renuncia al presidente de la República, doctor Roberto Suazo Córdova, conociéndose que su dimisión es con carácter irrevocable; no debe caber la menor duda sobre su reincorporación al Congreso Nacional en su condición de diputado propietario.

CRECERÁ LA "BANCADITA"

Como es del conocimiento público, la rebeldía de un grupo reducido de diputados liberales en el seno de la Cámara Legislativa puso en precario la mayoría abrumadora que tiene le partido gobernante al momento de adoptar determinaciones de importancia.

Desde enero recién pasado, cuatro diputados propietarios han hecho serios cuestionamientos a las directrices del oficialismo.

Una vez incorporado Azcona del Hoyo en su curul, el número de diputados disidentes se incrementará a seis, lo que dará una amplia ventaja a los tres partidos de la oposición cuando se tomen importantes resoluciones.

Ayer se comentaba sobre la forma cómo quedaría integrada la famosa y actualmente en "receso" bancadita. Se dijo que la misma se conformaría con Modesto Rodas Baca, Roberto

Micheletti Bain, Marco Antonio Ponce, Orlando Gómez Cisneros, Carlos Montoya y Azcona del Hoyo.

Así, la oposición en el Congreso Nacional contaría con 44 votos contra 38 del oficialismo del Partido Liberal. No existiría ninguna posibilidad de imponer su voluntad.

Dice secretario Gral. de ANACH:
LOS LIBERALES ESTÁN SENTANDO UN PRECEDENTE FUNESTO EN LA HISTORIA

SAN PEDRO SULA. —Juan Ramón Sevilla, secretario general de La Asociación Nacional de Campesinos de Honduras (ANACH), afirmó a LA PRENSA que es altamente doloroso lo que está ocurriendo dentro del Partido Liberal, porque los dirigentes que tienen el mando no solamente de esa institución política, sino que del gobierno, deben comportarse de mejor manera y no matándose entre ellos.

A consideración del dirigente campesino la división del partido en el gobierno ha llegado a una situación muy peligrosa, porque los enfrentamientos de la cúspide están arrastrando a las masas, las que podrían polarizarse a favor de una y otra facción interna del Partido Liberal.

"Nosotros los campesinos vemos con mucha preocupación los últimos acontecimientos, en donde un funcionario de la más alta categoría fue obligado a renunciar por maniobras políticas de otros de sus correligionarios, según se desprende de sus propias declaraciones. Los liberales están sentando un precedente funesto ante la historia del país porque quizá no han previsto lo que puede ocurrir en el mañana", expresó el dirigente de la ANACH.

Sevilla también manifiesta que todos los campesinos, especialmente sus dirigentes, están muy interesados que camine, aunque sea en forma lenta, la Reforma Agraria; pero no existe ninguna duda que estos acontecimientos de orden político inciden negativamente en el aparato gubernamental y, por lo tanto, dentro del Instituto Nacional Agrario (INA).

El secretario general de la ANACH expresa que los liberales deberían de tener mayor respeto y consideración a la enfermedad del presidente de la República, doctor Roberto Suazo Córdova, porque, aunque lo nieguen los actuales dirigentes trabados en descomunal batalla contra sus correligionarios, la enfermedad del mandatario podría complicarse de seguir estos acontecimientos que han traído preocupación a todo el pueblo de Honduras.

"LA PRENSA", 27 de agosto, 1983

LA CEIBA: ENTREGAN SUBSIDIO A LA GOBERNADORA POLÍTICA

LA CEIBA. —Seis mil seiscientos ochenta y ocho lempiras con ochenta y nueve centavos (Lps. 6.688.89) recibió recientemente en esta ciudad la gobernadora política, profesora Matilde Vda. de Miralda, de manos del diputado liberal Marco A. Ponce, en calidad de subsidio gubernativo.

El subsidio servirá para la remodelación total del inmueble que actualmente alberga las oficinas de Gobernación en La Ceiba, que se encuentran en muy mal estado.

Al recibir el donativo, doña Matilde agradeció el gesto del representante del pueblo por su preocupación en llevar beneficios a la colectividad.

Se anunció que los trabajos en referencia darán inicio lo más pronto posible, dada la urgencia del caso.

"LA PRENSA", 27 de agosto, 1983

"NO HUBO PRESIÓN SOBRE AZCONA"

TEGUCIGALPA. —Los principales dirigentes de los organismos de bases del Partido Liberal negaron ayer que hayan hecho presión alguna sobre el ingeniero José Azcona del Hoyo para que renunciara de la titularidad de la Secretaría de Comunicaciones, Obras Públicas y Transporte.

Alberto Rodríguez Espinoza, secretario general del Directorio Nacional Rodista, y Romualdo Bueso, jefe de la bancada liberal en el Congreso Nacional dijeron que "es totalmente falso que por intriga de nosotros el ingeniero Azcona del Hoyo haya renunciado".

"Si el ingeniero Azcona del Hoyo tomó esa decisión, esta tuvo un carácter estrictamente personal y en ningún momento hubo presión. Sus razones tuvo y lo comprendemos", dijeron los dirigentes liberales.

Negaron que la actual situación del Partido Liberal constituya una crisis o "mucho menos una división".

"No tenemos el poder suficiente ni tampoco trabajamos en el Ministerio de Comunicaciones para que se nos adjudique ese tipo de presiones", concluyeron.

"LA PRENSA", 27 de agosto, 1983

Miriam Bocock de Azcona
"SIEMPRE ESTARÉ AL LADO DE MI MARIDO"

TEGUCIGALPA. —"Siempre estaré al lado de mi marido apoyándole", dijo a LA PRENSA la señora Miriam Bocok de Azcona Hoyo, quien durante la comparecencia del titular de Comunicaciones, Obras Públicas y Transporte permaneció a su lado.

Aseguró que si su esposo se lanza hacia la conquista de la presidencia en 1985, estará dispuesta a seguirle en su campaña proselitista. Doña Miriam indicó que la determinación de su marido fue algo personal y, conociéndolo bien, sabe que hizo lo correcto.

En un mensaje a la mujer liberal dijo que "los problemas siempre existen dentro de los partidos y no por ello habrá que achicarse, sino continuar adelante, mantenerse firme en la batalla".

"LA PRENSA", 27 de agosto, 1983

Asegura Carlos O. Montoya

"SE TRATA DE UN ENFRENTAMIENTO ENTRE AZCONA HOYO Y FLORES FACUSSÉ"

TEGUCIGALPA (Por Andrés Torres hijo). –Carlos Orbin Montoya analiza la situación imperante dentro del Partido Liberal de Honduras como un enfrentamiento entre José Azcona del Hoyo y Carlos Flores Facussé.

"Sí, así es... se trata totalmente de un enfrentamiento entre Azcona y Flores Facussé por el control de Francisco Morazán. La cuestión es de honor. Nos habíamos reunido cinco diputados: Azcona, Flores, Jalil, Pineda Ponce y yo para distribuirnos el trabajo en Francisco Morazán".

"Después se agregó Calderón Solorzano. Cada líder tiene sus activistas, sus dirigentes, sus cariños, sus amistades. Y entonces, decidimos respetarnos mutuamente determinando número de municipios trabajados por cada uno de nosotros, y en aquellos lugares donde hay dirigentes fuertes, que tienen personalidad propia, como Orica, Guaimaca y otros, los declaramos independientes", continuó diciendo.

"Al momento de llegar a ese acuerdo —recuerda Montoya–, se revisaron las planillas, se acordó todo, se le entregaron los documentos a Flores Facussé, pero ya el día sábado, o sea un día antes de las elecciones salieron con otras decisiones".

INDIGNACIÓN

Para Carlos Orbín Montoya, el rompimiento de ese acuerdo entre los dirigentes de Francisco Morazán es la causa que "rebalsó la paciencia, eso es lo que ha indignado. Pero en el resto del departamento hay calma, y el ingeniero Azcona puede empezar a visitar los pueblos por donde guste y encontrará amigos y apoyo".

"Es que nadie es dueño de nadie, los convencionales representan a sus pueblos y todos somos convencionales. Nadie tiene el gallo por la cola, todos tenemos criterio y falta mucho tiempo por recorrer. Creo más bien que estos adecuamientos y enfrentamientos van dando paso a la gran lucha que le toca al Partido Liberal", dijo.

—¿Cree usted entonces que el Partido Liberal saldrá adelante con este problema?

"Sí, seguramente que sí".

—¿Y usted está de acuerdo con la renuncia de Azcona?

"Sí, totalmente de acuerdo y lo felicito".

—¿Y con el cambio de presidente en el Central Ejecutivo?

"Creo que fue muy apresurado. Antes debieron dialogar con Azcona, porque si sus compañeros se lo hubiesen pedido, él hubiera renunciado. Azcona es un hombre muy valiente, muy admirable, y considero que en lugar de perder una batalla, la ha ganado".

92

"LOS HOMBRES LIMPIOS Y RECTOS ACTÚAN COMO AZCONA DEL HOYO

TEGUCIGALPA. —Pretendiendo conocer algunas reacciones de diputados al Congreso Nacional, LA PRENSA trae ahora la opinión de Modesto Rodas Baca, hijo del padre del Movimiento Liberal Rodista, en torno al problema interno del Partido Liberal.

"Yo creo que los hombres limpios, los hombres rectos, cuando no pueden enderezar el camino y se ven sometidos a presiones, tienen que tomar las decisiones como las tomó Azcona. El único delito que cometió fue defender la voluntad del pueblo liberal, y eso lo celebramos", manifestó Rodas Baca

"He escuchado –agregó– que han reestructurado el Consejo Central Ejecutivo, quitando al ingeniero Azcona de la Presidencia. Esto demuestra una vez más que el grupo de aliados que pretenden manipular el Partido Liberal, también arrinconan a Azcona para obligarlo a que renuncie del Central Ejecutivo. Pero tenga usted la plena seguridad que Azcona del Hoyo nunca va a renunciar porque él sabe que fueron las bases del liberalismo los que lo eligieron por unanimidad, y sabe, además, que cuenta con el apoyo de esas mismas bases".

¿Otra expulsión?

Modesto Rodas Baca se pregunta que para qué han nombrado una comisión de disciplina.

"¿Cuál es la intención? Me imagino que desean recetarle a Azcona la misma medicina que le recetaron a Gómez Cisneros. Nosotros solo estamos esperando la actuación de ese grupo que manipula hasta la fecha del Partido Liberal, pues tal como están las cosas, cualquier actitud se puede esperar".

Rodas Baca asegura que el pueblo liberal repudia en estos instantes la acción contra José Simón Azcona.

"Quienes creen que van a hundir a Azcona –advirtió– no están más que hundiéndose a sí mismos y hundiendo al Partido Liberal. La conducta de los hombres se mide por sus acciones. A Modesto Rodas Alvarado lo marginaron durante casi 11 años los hermanos Reina, y Rodas no lo hundieron. Azcona tiene suficientes méritos para salir adelante y lo va a lograr", concluyó.

"LA PRENSA", 27 de agosto, 1983

Juramentan Tribunal Disciplinario Liberal

TEGUCIGALPA. – El Consejo Central Ejecutivo del Partido Liberal integró antenoche el Tribunal Disciplinario de esa agrupación política, recayendo el cargo de presidente en la abogada Elizabeth Chiuz Sierra.

Acompañan a la procuradora general de la República en el tribunal los dirigentes Gilberto Ochoa, Antonio Andino Sandres, Jorge A. Vásquez, René Corea e Ingrid Belinda Díaz.

El organismo integrado por la dirigencia liberal tendrá como funciones sancionar a los militantes del partido que atenten contra su estabilidad y que interpreten a su modo, los estatutos y demás reglamentos internos.

Algunos dirigentes liberales se mostraron en desacuerdo con dicho tribunal por considerar que puede afectar al destituido presidente del Consejo Central, José Azcona Hoyo.

"LA PRENSA", 27 de agosto, 1983

PINEDA PONCE DEJARÁ EL CONGRESO

TEGUCIGALPA. —Apenas el presidente de la República nombre el sustituto de José Azcona Hoyo en el Ministerio de Comunicaciones, Obras Públicas y Transporte, este regresará a ocupar su curul en el Congreso Nacional.

¿Quién es su suplente? El profesor Pineda Ponce, que ocupa la curul desde que Azcona pasó a dicha secretaría de Estado. Ahora Pineda Ponce retorna a sus actividades particulares.

"Si, señor —contesta—, yo soy el suplente de Azcona, y de conformidad con las disposiciones constitucionales, al reintegrarse al seno de la Cámara, a mí me corresponde desocupar su curul".

Dice Pineda Ponce que la diputación es un derecho que Azcona adquirió por elección popular en el departamento de Francisco Morazán y nadie se lo puede disputar.

"La reunión de Azcona en Comunicaciones es una cosa normal dentro de la administración pública. El cargo público es una oportunidad temporal que se otorga a un ciudadano para desarrollar su labor y está moralmente comprometido a empeñar en ella lo mejor de sus esfuerzos y su talento", dijo.

Pero llega el momento en que tiene que retirarse y tiene que hacerlo con igual hidalguía que como llegó. Y en cuanto a lo político —agrega—, las reestructuraciones de los organismos de dirección son decisiones de sus miembros, y esto es lo que ha sucedido con Azcona. Los miembros del Central Ejecutivo decidieron reestructurar el organismo y eso es normal, porque no hay un periodo de vigencia fijo.

Opina, además, que ni su retiro del Ministerio de Comunicaciones ni su cambio de presidente del Central Ejecutivo traen problemas colaterales.

"LA PRENSA", 27 de agosto, 1983

CARLOS HANDAL, FUTURO MINISTRO DE SECOPT

TEGUCIGALPA. – El viceministro de Comunicaciones, Obras Públicas y Transportes, Carlos Handal Handal, será nombrado como titular de esa secretaría de Estado, según trascendió ayer en la Casa de Gobierno.

Handal Handal sustituirá en el cargo al ingeniero José Azcona Hoyo, quien interpuso su renuncia irrevocable ante el presidente Roberto Suazo Córdova, debido a problemas de orden interno en el partido de gobierno.

El futuro ministro de SECOPT se desempeñó en los últimos meses como director general de Mantenimiento de Caminos y Aeropuertos, pasando luego a ocupar la subsecretaría de Obras Públicas, en sustitución del ingeniero Jack Arévalo.

El nombramiento de Handal Handal en el cargo de ministro daría paso a una amplia reestructuración de cuadros en la citada dependencia, especialmente en los cargos de confianza que desempeñan allegados al exministro Azcona.

"LA PRENSA", 27 de agosto, 1983

LA DEMOCRACIA HONDUREÑA ¿ESTÁ PERDIENDO VIGENCIA?

Los principios democráticos que sustenta nuestro país se están perdiendo, si tomamos en cuenta los últimos acontecimientos que sucedieron en las elecciones internas del Partido Liberal, informó ayer el presidente de la Asociación Hondureña de Productore de Café, profesor Catarino Montoya.

El presidente de los cafetaleros sostuvo en un tono preocupante: "Quiero referirme particularmente a lo que sucedió en el departamento de Intibucá, donde las planillas fueron impuestas prácticamente", explicó.

Más adelante señaló, "el municipio de Jesús de Otoro, el pueblo organizó la planilla al Consejo Local Liberal, llevando a la cabeza a este servidor, después nos dirigimos a Tegucigalpa para inscribirla, cuál fue la sorpresa, ya un grupo de liberales de nuestro municipio habían inscrito otra planilla", dijo.

Lo que sucedió sencillamente fue una imposición, y trajo como consecuencia que muchos liberales de nuestro municipio no votaron, sostuvo.

El presidente de la AHPROCAFE, dijo: "Nos preguntamos qué ha hecho el Movimiento Liberal Rodista ante esta situación, cómo es posible que los líderes del partido no se den cuenta de lo que está sucediendo a su alrededor", apuntó.

El problema se torna difícil, lo que están haciendo los líderes es que están perdiendo al pueblo, qué van a hacer cuando hagan otras luchas electorales, ya no podrán encontrar a las masas liberales y estas les van a voltear la espalda.

Más adelante el Prof. Catarino Montoya explicó: "Lo que está sucediendo en el Partido Liberal es lamentable, si tomamos en cuenta que es el que nos gobierna. Aprovecho esta oportunidad para manifestar algunas reflexiones en torno a este problema. Hemos notado últimamente que los partidos políticos se están dividiendo, los colegios magisteriales también, todo esto es producto de la incomprensión", argumentó.

También apuntó, "¿cuál es el interés de poner gente incapaz de las instituciones? ¿A qué se debe tanto sectarismo en el Partido Liberal? Señores –prosiguió– esta es una preocupación. Yo invito a quienes nos gobiernan, a que hagan un alto en el camino para que entremos a la reflexión, porque debemos de estar seguros de lo siguiente: Estamos entrando a una confusión que el día de mañana nos puede llevar a problemas mayores, aquí hay una mano oculta, opera, no se ve, pero se siente, ya los efectos los empezamos a sentir allí en Nicaragua, Guatemala y El Salvador", expresó Catarino Montoya.

"No sabemos por qué los dirigentes del Partido Liberal están abandonando los principios del partido, es necesario destacar que estos principios arrancan desde la Revolución Francesa. Desgraciadamente quienes dirigen la política están haciendo lo contrario. Quiera Dios que se llegue el momento de las rectificaciones y sigamos un ambiente de democracia", sostuvo.

El profesor Catarino Montoya se mostró bien animado y dijo: "aprovecho esta oportunidad para pedirles a todos los liberales cordura, paciencia frente a la problemática que acontece en este momento; pidámosle a Dios nos ilumine nuestros pensamientos y que algún momento podamos conjugar esfuerzos e ideas para sacar adelante a Honduras", apuntó el presidente de la AHPROCAFE.

"LA PRENSA", 27 de agosto, 1983

Renuncia ministro de SECOPT
"MANO NEGRA" DE MINISTRO DE LA PRESIDENCIA IMPUSO PLANILLAS EN LAS PASADAS ELECCIONES

TEGUCIGALPA (Por Roy Arthur). – La crisis interna que vive el Partido Liberal quedó al descubierto ayer con la renuncia que con carácter irrevocable presentó al presidente Roberto Suazo Córdova, el ministro de Comunicaciones, Obras Públicas y Transporte, ingeniero José Azcona Hoyo.

Aunque la noticia no fue una sorpresa porque en los círculos internos del liberalismo ya se comentaba que en cualquier momento Azcona Hoyo tomaría tal determinación, el exministro convocó a una conferencia de prensa, la que dio inicio exactamente a las 12 horas de ayer.

INVOLUCRA A MINISTRO DE LA PRESIDENCIA

José Azcona Hoyo entró en conflicto con algunos dirigentes del rodismo desde antes que se efectuaran las elecciones internas, pero la situación explotó el fin de semana anterior.

"Han mancillado mis derechos. Muchas planillas fueron impuestas y elaboradas por empleados del ministro de la Presidencia, Carlos Flores Facussé, naturalmente con el visto bueno de su jefe", reveló el renunciante.

Dijo que el presidente Suazo Córdova, como coordinador del rodismo, ratificó esas planillas y que al hacerlo "lesionó los derechos que nosotros tenemos para que nuestros seguidores, electos en asambleas públicas en sus municipios puedan aspirar a posiciones".

Razonó que "como hombre digno no me merezco una situación de esa naturaleza y para evitar que las acciones en este ministerio sean afectadas como consecuencia de lo que está sucediendo en el Partido Liberal estoy presentando mi renuncia irrevocable al presidente Suazo Córdova".

AMENAZAS ANÓNIMAS

Acompañado de su esposa, Miriam Bocock de Azcona Hoyo, el renunciante aseguró que no fue presionado para retirarse del cargo y que solo el lunes recibió telefónicamente amenazas a las que no hizo caso.

¿Las diferencias con líderes rodistas podría empujarle a renunciar como presidente del Consejo Central Ejecutivo del Partido Liberal? —se le preguntó.

"En ningún momento me estoy retirando de ahí, pero si lo decidiera sería únicamente ante una gran convención del partido", respondió.

Manifestó que su posición inclaudicable dentro del Central Ejecutivo y el rodismo ojalá no profundice grietas que dividan la corriente oficialista del instituto político que detenta el poder de la nación.

Pero sí deseo que sea un aldabonazo par que no sean dos o tres personas las que se encarguen de interpretar a su libre albedrío al pensamiento de los miles y miles de liberales que pertenecemos al rodismo", explicó.

"Conociendo que no cuenta con todo el apoyo de sus correligionarios, ¿cuál será su actitud?".

"Seguiré cumpliendo las funciones que me asignó la mayoría. Una cosa es la hermosa ideología que sustenta la masa liberal y otra las acciones de unos pocos hombres y mujeres que pertenecen al mismo", dijo tajantemente.

ASPIRACIONES A LA PRESIDENCIA DEL PAÍS

Afirmó que nunca ha manifestado tener ambiciones para suceder a Suazo Córdova, "pero si la gran masa liberal y el pueblo hondureño me respalda, José Azcona Hoyo está dispuesto a seguir hasta los últimos extremos dentro de la política".

Sereno y firme en su exposición, lamentó que el ministro Flores Facussé no le haya mostrado las planillas que envió al Directorio Central del Movimiento Liberal Rodista lo que para él ha sido una lesión a sus derechos... "y yo no acepto ese tipo de maniobras", agregó.

Dijo que no solo las bases del liberalismo en su mayoría no saben por quienes votaron en los comicios internos celebrados el domingo, sino que hasta él mismo desconoce, a excepción de tres planillas que presentaron Carlos Orbín Montoya y Carlos Salgado, quienes también habrían sido marginados del Central Ejecutivo.

Para Azcona Hoyo no es crítica la situación dentro del partido, argumentando que para ello, tendrían que producirse otros hechos.

Reconoció que el Partido Liberal tiene dos años y medio "para enderezar la senda. Si seguimos como estamos, quién sabe cuál sea el futuro del mismo, pero hay hombres dispuestos a lograrlo, de lo contrario, 1985 no será el año en que se repitan los triunfos del 81 y 82".

Apuntó que Roberto Suazo Córdova sigue siendo el líder máximo del liberalismo, aunque tendrá que ceder su puesto a otro así como a él le dio paso la muerte del líder Modesto Rodas Alvarado".

Informó además, que volverá al Congreso Nacional de donde se retiró para aceptar el cargo que ocupó hasta el 25 de agosto, lo que significa que fungió como ministro de Comunicaciones, Obras Públicas y Transporte por 19 meses.

"Aunque me echen la aplanadora en el Consejo seguiré luchando para que se imponga la justicia aun siendo una voz en el desierto", señaló al final Azcona Hoyo a la vez que mostraba el cheque mediante el cual devolvía al tesoro nacional la cantidad de mil 172 lempiras con 90 centavos, por 6 días de trabajo, debido a que interpuso su renuncia el 25 y ya le había sido cancelado el sueldo (6,060 lempiras) por el mes de agosto.

"LA PRENSA", 27 de agosto, 1983

"PURGADO" DEL RODISMO CARLOS MONTOYA

ACUERDO NÚMERO 1/84

El Directorio Central del Movimiento Liberal Rodista.

CONSIDERANDO: Que es un deber de todos sus miembros cumplir los estatutos del Movimiento Liberal Rodista y respetar las autoridades que dirigen esta corriente mayoritaria del Partido Liberal de Honduras.

CONSIDERANDO: Que el licenciado Carlos O. Montoya ha violado el artículo 16, inciso c de los Estatutos del Movimiento Liberal Rodista, al no someterse a la dirección y orientación de la política del movimiento que es función específica del Directorio Central.

CONSIDERANDO: Que el licenciado Carlos O. Montoya ha censurado en forma pública las acciones del gobierno liberal y ha irrespetado de palabra en sus pronunciamientos ante el pueblo, la persona y la actuación del coordinador general del Movimiento Liberal Rodista, Dr. Roberto Suazo Córdova.

CONSIDERANDO: Que ninguna institución puede subsistir si sus miembros no observan una conducta disciplinaria que haga posible la unidad en el pensamiento.

POR TANTO:
Acuerda:
Artículo 1. – Expulsar de las filas del Movimiento Liberal Rodista al licenciado Carlos O. Montoya.
Artículo 2. – Comunicar este acuerdo al Consejo Central Ejecutivo del Partido Liberal de Honduras, a los directorios departamentales y locales del Movimiento Liberal Rodista de toda la República y darle difusión por todos los medios de comunicación social.
Artículo 3. – El presente acuerdo entra en vigencia a partir de esta fecha.

Dado en Tegucigalpa, Distrito Central, en el Salón de Sesiones del Directorio Central del Movimiento Liberal Rodista, a los quince días del mes de febrero de mil novecientos ochenta y cuatro.

Alberto Rodríguez Espinoza
Secretario General

Benigno Ramón Irías Henríquez
Secretario adjunto

Carlos R. Flores
Secretario de Finanzas

Mario Enrique Prieto Alvarado
Secretario de capacitación política

Rafael Pineda Ponce
Secretario de Organización y Propaganda

Rolando Melghem Bonilla
Secretario de asuntos juveniles, estudiantes, obreros y campesinos.

Vilma Malta de Gutiérrez
Secretaria de asuntos femeninos y sociales

-- Para rescatar la dignidad del liberalismo y el gobierno--

OFRECEN PAGAR DEUDA ENTRE SUAZO CÓRDOBA Y CARLOS FLORES FACUSSÉ

Si el presidente Suazo Córdoba tiene compromisos económicos con la familia Facussé y por eso está entregando su gobierno y el Partido Liberal a los intereses de esa familia, representados en la administración pública por el ministro de la presidencia, Carlos Flores Facussé, setecientos mil liberales están dispuestos a emprender una campaña de recolección de dinero para rescatar la dignidad económica del liberalismo y del gobierno.

Lo anterior fue afirmado por el directorio local provista del Municipio de El Triunfo, en el municipio de Choluteca, en pronunciamiento emitido para respaldar "al ingeniero Azcona por su digna acción tomar el 25 de corriente mes".

El Punto Segundo del referido pronunciamiento expresa que "el directorio local rodista de este municipio pide al señor presidente de la república, Doctor Roberto Suazo Córdova, con todo el respeto que nos merece, que si la entrega del gobierno obedece a compromisos económicos con la familia Facussé, los 70,000 liberales que respaldamos su candidatura y que seguiremos respaldando su gobierno, estamos en la mejor disposición de promover una campaña nacional para recaudar lo que pudiéramos llamar **EL LEMPIRA DE LA DIGNIDAD NACIONAL".**

A continuación, el pronunciamiento expresa: "Repudiamos las actitudes tomadas por la familia Facussé, manejadas a través del ingeniero Carlos Flores Facussé, desde la secretaría de la Presidencia, que ha venido devorando rodista por rodista hasta terminar con el presidente del Central Ejecutivo".

Finalmente, los rodistas de El Triunfo señalan que su pronunciamiento "no cumplen más que una recomendación del doctor Roberto Suazo Córdova, cuando en varios discursos y en diferentes departamentos del país manifestó al pueblo que el día que no se cumplieran los postulados y principios de la democracia y Libertad que dan vida al Gran partido liberal de Honduras, ese pueblo estaba facultado para reclamarle a su presidente todo aquello que no fuera congruente con Los Grandes propósitos del partido de hacer un gobierno y de la revolución del trabajo y la honestidad".

(EL HERALDO) 27 DE AGOSTO DE 1983

--Porque "está destruyendo el gran Partido Liberal"--

EXIGEN A SUAZO CÓRDOBA INMEDIATA DESTITUCIÓN DE C. FLORES FACUSSÉ

- *Los directorios rodistas del Corpus y Orocuina piden al mandatario que "haga salir de su gobierno a los hombres que le están causando problemas".*

El presidente de la república, Roberto Suazo Córdova, debe pedir inmediatamente la renuncia de suministro de la presidencia Carlos Flores Facussé, dice el directorio local rodista del Municipio del Corpus, en el departamento de Choluteca, en pronunciamiento público emitido ayer.

Los rodistas del Corpus afirman que respaldan totalmente el ingeniero José Azcona Hoyo en su lucha por rescatar al partido de manos de quienes lo están destruyendo, y manifiestan su admiración por la acción de dignidad y honestidad al renunciar del Ministerio de Comunicaciones, Obras Públicas y Transporte, para que esta secretaría de estado no sea perjudicada por razones políticas.

"El directorio local revista de este municipio pide al doctor Suazo Córdova que tome la determinación de pedirle la renuncia al ministro de la presidencia, Carlos Flores Facussé, ya que está destruyendo el gran Partido Liberal, y particularmente el Movimiento Liberal Rodista", dice el comunicado del Corpus.

"Estos pueblos –agrega-- no votaron para respaldar a ningún extraño en la gran familia liberal", para reiterar luego su petición de que Flores Facussé sea separado del cargo que actualmente desempeña en el gobierno de Suazo Córdova.

TAMBIÉN OROCUINA

Por su parte, el directorio local provista de Orocuina, en el mismo departamento de Choluteca, se pronunció pidiendo a Suazo Córdova, "que haga salir de su gobierno a los hombres que le están causando problemas".

Le recuerdan su obligación de mantener la unidad del partido liberal, así como conservar dentro del mismo "a los viejos liberales que fueron quienes anduvieron pueblo por pueblo, casa por casa, contribuyendo con su respaldo para que él llegara a la presidencia de la república".

Igualmente, los rodistas de Orocuina se pronuncian en total apoyo para Azcona Hoyo, a quien reconocen como legítimo presidente del Consejo Central Ejecutivo del Partido Liberal.

(EL HERALDO) 27 DE AGOSTO DE 1983

LA "PRESIDENCITIS" ATACA A POLÍTICOS

TEGUCIGALPA. — Cuando el gobierno liberal apenas tiene 17 meses de estar al frente de las grandes destinos de la nación, una vieja enfermedad ha comenzado a atacar a un grupo de altos dirigentes de los partidos tradicionales

Esta enfermedad se conoce en el arco político como "presidencitis", o sea, la obsesión por alcanzar la primera magistratura de la nación y sentarse en el sillón que hoy ocupa el Doctor Roberto Suazo Córdova.

A pesar de que muchos dirigentes han opinado públicamente que en estos momentos es muy prematuro hablar de candidaturas presidenciales en los dos partidos tradicionales y mayoritarios, Liberal y Nacional, parece que existiera una desesperación entre sus dirigentes por ser postulados como "presidenciables" para las elecciones generales programadas para 1985.

Hasta el momento, en el viejo partido de la Estrella Solitaria existen dos dirigentes que, según sus seguidores, son los que deberán postularse como candidatos a la presidencia de la nación.

En este partido se menciona, y es notorio que la "presidencitis" está afectando a Nicolás Cruz Torres, pero también manifiesta síntomas el fundador del Movimiento de Unidad y Cambio (MUC), Mario Rivera López, quién luchará por recobrar el control del partido Y desde allí "volar" hacia la presidencia del país.

Otro de los presidenciales entre las filas "cachurecas" es el abogado Juan Pablo Urrutia, quien al final de cuenta es el más beneficiado con la crisis interna que constantemente padecen los nacionalistas.

De seguidor de Rivera López se ha convertido en uno de los más fuertes rivales de los máximos dirigentes del nacionalismo, pues ha logrado consolidar el respaldo de 30 convencionales, que ya es mucho decir.

En el gobernante Partido Liberal la fiebre Por ser postulados como candidatos a la presidencia de la República es más notoria, a tal grado que se ha producido una crisis de poder que únicamente puede ser resuelta por el propio mandatario Roberto Suazo Córdova.

Así, vemos que el expresidente del Consejo Central Ejecutivo del Partido Liberal (CCEPL), José Azcona del Hoyo, anunció la semana pasada que no tiene ambición presidenciales, pero que si lo apoyan las bases lanzará su candidatura, muy a pesar de lo que opinan sus nuevos adversarios políticos dentro del liberalismo.

Con iguales intenciones se mueven el actual presidente del Congreso Nacional, abogado Efraín Bu Girón, y el ministro de la presidencia, ingeniero Carlos Roberto Flores.

Finalmente, y un tanto solitario, hace su "fuercecita" el ex-máximo líder de la Alianza Liberal del Pueblo (ALIPO), Carlos Roberto Reina Idiáquez, quien es respaldado y animado por su propio hermano, Jorge Arturo.

(LA PRENSA) 29 DE AGOSTO DE 1983

MAÑANA SE REINTEGRA AZCONA AL CONGRESO

TEGUCIGALPA.- El ingeniero José Azcona del Hoyo se reintegrará a su puesto como diputado propietario en el Congreso Nacional, a partir del próximo martes, se informó en el Congreso Nacional

Tal parece que la hora exministro de Comunicaciones y expresidente del Consejo Central Ejecutivo del Partido Liberal (CCEPL), está interesado en volver a legislar.

Algunos diputados que hasta hace pocas horas eran incondicionales de Azcona, comenzaron a formular opiniones a fin de que sus compañeros de cámara se enteraran de que ya no estaban con el ex presidente del CCEPL.

Sin embargo, otros dirigentes, entre ellos Antonio Ardón Fuentes, sostuvo que acompañará su líder hasta las últimas consecuencias y que lo respaldará desde el momento en que inicie una campaña con miras a convertirse mediante la voluntad de las bases en el candidato A la primera magistratura de la nación, por el Partido Liberal.

Lo que más llama la atención entre los diputados liberales oficialistas y los hasta hace poco "azconistas" es la serie de cabildeos que realizan y las constantes reuniones en los pasillos del Congreso Nacional, pero no se atreven a decir por qué cambiaron de actitud ante los últimos acontecimientos políticos.

(LA PRENSA) 29 de agosto de 1983

MILES DE CARNETS LIBERALES FALSIFICADOS

TEGUCIGALPA.- El partido liberal no podrá llevar a cabo su censo interno, como consecuencia de la falsificación de los miles de carnets de identificación registrada a las elecciones del domingo 21.

Una mano peluda. Así lo han considerado algunos directivos del Consejo Central Ejecutivo, informando además, que durante las elecciones internas se notó la falsificación de centenares de miles de documentos de afiliación especialmente en la zona norte del país.

La presencia o circulación de esos documentos falsos, impedirá las autoridades liberales, llevar a cabo uno de sus más ambiciosos programas, como lo es el censo interno.

De acuerdo a los dirigentes liberales, muchos de esos carnets cayeron en manos de sus adversarios políticos, mencionando que gran cantidad los tiene la ALIPO, para otros fines, grupos del Partido Nacional y otros sectores interesados en afectar a la institución.

La falsificación de esos carnets fue notoria a través de la numeración, especialmente en Casos doble y hasta triple, el tamaño de los números, de afiliación, y el color de la tinta que se usó para la impresión.

Los dirigentes liberales consideran que el Consejo Central Ejecutivo debe emitir un acuerdo, a la mayor brevedad posible, para que deje sin valor ni efecto los carnets, que se entregaron previo al 21 de agosto, o de lo contrario, podrá dudarse de la base de sustentación del partido.

(LA PRENSA) 29 de agosto de 1983

AZCONA TIENE RESPALDO DE LAS BASES PARA LLEGAR A LA PRESIDENCIA: ARDÓN

TEGUCIGALPA.— "Yo no solo le doy posibilidades, estoy casi seguro de que el ingeniero José Azcona del Hoyo llegará a alcanzar la presidencia de la República en los comicios electorales de 1985".

Quien así se expresa es el dirigente liberal por Ocotepeque, Antonio Ardón Fuentes, uno de los controversiales diputados que sigue fiel, en abierto respaldo, al ex presidente del Consejo Central Ejecutivo del Partido Liberal (CCEPL).

Basó su seguridad en que Azcona del Hoyo alcance la presidencia de Honduras, en que, cuando se llegue a los pueblos se hablará directamente con las bases, con los verdaderos líderes, con las personas que rigen al liberalismo en las aldeas, pueblos y caseríos.

Destacó la importancia de que el referido líder del liberalismo dialogue con su pueblo para que se enteren de muchas verdades que le han ocultado y conozcan los motivos que impulsaron a las autoridades a efectuar cambio en la cúpula liberal.

"Es necesario que las bases sepan que el hombre que apoyaron para que alcanzara la presidencia del Consejo central ejecutivo del partido liberal fue retirado de su alto cargo solo por haber actuado correctamente", señaló.

"Usted verá que los liberales, al conocer la verdad de las cosas, volverán gallardamente. Ahí está el ejemplo de Rodas Alvarado, quien junto a sus seguidores muchas veces salimos con la cola entre los pies, pero lentamente y a paso seguro lo llevamos hasta convertirlo en el máximo líder del liberalismo", concluyó.

(LA PRENSA) 29 de agosto de 1983

J. AZCONA: "EL PUEBLO YA DIO SU VEREDICTO"

SAN PEDRO SULA.- El todavía titular de la Secretaría de Comunicaciones, Obras Públicas y Transporte (SECOPT), ingeniero José Azcona Hoyo, dijo ayer a tiempo vía teléfono, que no tiene comentario alguno sobre las declaraciones del ministro de la presidencia, Carlos Flores Facussé, hechas el viernes en Tegucigalpa.

El funcionario dimitente, Azcona Hoyo expresó, haber recibido y continuar recibiendo, llamadas, mensajes escritos y personales que conllevan apoyo solidario su actitud rectilínea, lo que considera como "una evidencia de que el pueblo es consciente de la realidad aparte de su filiación política o condiciones sociales".

Preguntando respecto a la identidad de su posible sucesor, manifestó, que "el Partido Liberal tiene profesionales que pueden desempeñarse en ese puesto", y agregó que no le sugestionan las polémicas.

También manifestó que en el presente caso "Es innecesario referirme al asunto, puesto que la ciudadanía hondureña, y particularmente el liberalismo, conoce la situación y ha emitido públicamente su veredicto".

Azcona Hoyo, quien interpuso su renuncia irrevocable la mañana del jueves anterior, en horas de la noche a su puesto de la presidencia del Consejo Central Ejecutivo del Partido Liberal (CCEPL), luego de la intempestiva y meteórica "reestructuración" ejecutada por un sector del oficialismo rodista.

El entrevistado manifestó que su renuncia está en poder del presidente de la república, Doctor Roberto Suazo Córdova, pero que hasta ayer (al menos) no le había sido remitida la cancelación del acuerdo, razón por la cual hoy se presentará su despacho ministerial.

Esta responsabilidad, y naturalmente espero que lo hagan idóneamente, sobre todo con el seguimiento de una política honesta en donde no se ve cabida a movidas truculentas, a los favoritismos, y a esa serie de coyunturas que pueden hacerle mucho daño a la SECOPT, al gobierno y al país en general —dijo.

Respecto a las funcionarias que le han asignado como secretario de capacitación política del CCEPL, Azcona Hoyo dijo que se puede hacer una labor efectiva desde cualquier cargo, y que en el caso particular está dispuesto a destinar sus mejores esfuerzos para cumplir responsablemente con la misión.

Si al término del presente mes Azcona Hoyo no ha recibido la cancelación de su acuerdo como ministro, estará en esa ciudad en una sesión de la junta directiva de la empresa cemento de Honduras, S.A., de la cual es presidente.

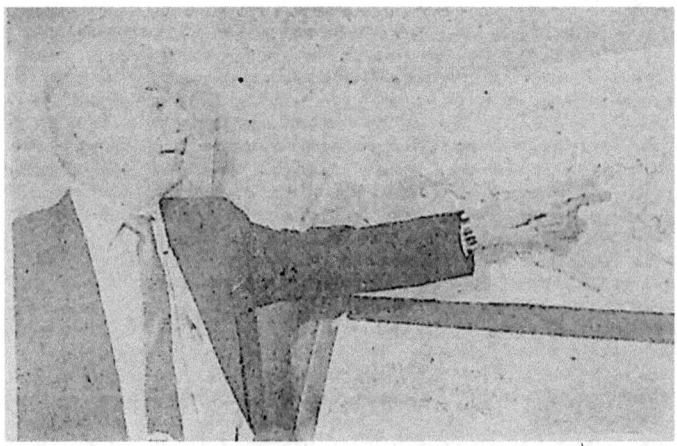

El ingeniero José Azcona Hoyo, titular dimitente de la Secretaría de Comunicaciones,
Obras Públicas y Transporte (SECOPT), llegará hoy a su despacho.
(TIEMPO) 29 de agosto de 1983

(TIEMPO) 29 de agosto de 1983
Para el futuro político de Honduras

TEMORES POLÍTICOS POR ELECCIONES GENERALES DE PRESIDENTE EN 1985

TEGUCIGALPA.- La forma en que se realizaron los comicios internos del partido liberal de Honduras, ha despertado serias inquietudes en el ambiente político de los tres partidos de oposición.

El cuestionamiento sugiere un fraude descarado que podría ser la génesis de otro fraude mucho mayor en las elecciones para presidente de la República en 1985, si se toma en cuenta que tanto el Registro Nacional de las Personas que maneja el Registro Civil, como el Tribunal Nacional de Elecciones se encuentran en manos del Partido Liberal de Honduras.

La preocupación tiene su razón de ser, si partimos de algunos resultados abultados operados en distintos municipios del interior, y los cuales serán protestados por la alianza Liberal del Pueblo.

Quizás el hecho más evidente del fraude lo constituye Comayagüela en donde resultaron más de 70 mil votantes, cuando se sabe que su caudal de votos no puede andar más allá de los 50 mil.

Cruz Torres, presidente del Comité Central del Partido Nacional, advirtió que de confirmarse el fraude justo es preocuparse por lo que sucederá en 1985, porque este ejercicio electoral podría ser el inicio de algo mucho peor.

Andonie Fernández, coordinador general del PINU, condenó el procedimiento observado en esas elecciones del partido liberal, y fustigó el hecho de que menores de edad estuviesen siendo educados dentro de la escuela del fraude y el engaño.

En términos similares se pronunció Diaz Arrivillaga, diputado de la Democracia Cristiana, cuando sentenció: "Las elecciones internas del partido liberal son un retroceso al pasado, que debe conmover a todos los hondureños y prepararnos para 1985, cuando a no dudarlo, algo irregular podría surgir".

(TIEMPO) 29 de agosto de 1983

SINDICALISTAS DE SEPCAMAT RESPALDAN A CARLOS HANDAL PARA MINISTRO DE SECOPT

TEGUCIGALPA.- Representante de más de mil 800 trabajadores de la dirección general de mantenimiento de caminos y aeropuertos se reunieron ahí al tarde con el viceministro del ramo, Carlos Handal, para patentizarle su respaldo en caso de que se convierte en el nuevo ministro de SECOPT.

Previamente, los trabajadores, quienes han constituido un frente sindical de corte democrático, enviaron una carta pública al presidente Roberto Suazo Córdova para solicitarle que nombre como sustituto de ministro José Azcona del Hoyo al ingeniero Handal.

En el curso de la reunión con el funcionario, los representantes sindicales le manifestaron que desconocen las acciones que a su nombre ha venido ejecutando José Alfredo Flores, quien preside el Sindicato de Empleados Públicos de Caminos, Mantenimiento de Aeropuertos y Terminales.

Hicieron los trabajadores que no entienden la actitud del presidente del SEPCAMAT, quien inicialmente le hacía la guerra al ingeniero José Azcona, a quien acusaba de prestar equipo del ministerio para trabajo particulares, y ahora está pidiendo al presidente que no le acepte la renuncia.

El viceministro Handal respondió que está en disposición de atender los reclamos de los trabajadores desde cualquier cargo público, y que no defraudará la confianza del gremio laboral en caso que el presidente decida ascenderlo a ministro.

ALCALDESA DE TRINIDAD: ELECCIONES LIBERALES EFECTUARON EN ARMONÍA

SAN PEDRO SULA.- la alcaldesa de Trinidad, Santa Bárbara y presidenta del movimiento liberal rodista, Doña Otilia Herrera V. de Rápalo, hace la siguiente aclaración a Diario Tiempo en aras de la verdad y para aclarar informaciones que están alejadas de la verdad.

Dice doña Otilia: "Como presidenta del Movimiento Liberal Rodista de Trinidad SB., rechazo las declaraciones que dieron a conocer en el Diario TIEMPO, con número 5,363, Pág. 14 del 25 de agosto del presente. Es verdad que el señor José Trinidad Fernández Paz, presidente del Consejo Local Liberal y miembro de la corriente ALIPO, ha sido un gran luchador dentro de las filas del partido liberal, pero debemos reconocer que quizás los grandes problemas que implica la política y cuando estos no se saben manejar, ocasionaron en el señor Fernández la exaltación de sus ánimos y lo condujeron, el domingo de las elecciones, a proferir palabras fuera de tono en contra del abogado Efraín Bú Girón, quien dicho sea de paso, no se presentó a esta ciudad como presidente del soberano Congreso Nacional, sino que como un ciudadano más que con respeto y humildad dejó en las urnas su voto por el movimiento interno del Partido Liberal o sea en rodismo.

Jamás el abogado Bú Girón intimidó a personas algunas pues todos los ciudadanos de Trinidad conocemos su alto grado de cultura y moralidad; todos y cada uno de los votantes fueron a las urnas en completa libertad. Los miembros que designó el central ejecutivo como sus delegados, no portaban armas porque eran dos mujeres y el otro es un profesional muy amigo del señor Fernández, los que únicamente velaron por la legalidad en el desarrollo del proceso electoral.

Es de lamentar que don José Trinidad Fernández acuse al rodismo de este sector con prácticas que fueron usadas en otros tiempos, etapa que ya fue superada por nuestro pueblo, ese pueblo que ha querido a don José, pero que este hoy lo desacredita ante los demás pueblos de Honduras.

Nunca hemos empuñado machetes porque acá todos somos hermanos y nos respetamos; nuestro parque se vio colmado de gente que con entusiasmo concurría la urnas a votar sin presiones de ninguna naturaleza.

Como alcaldesa, don José Trinidad Fernández debe saber que sábado y domingo no son días hábiles y por tanto estaba en completa Libertad para poder actuar en la campaña previo a las elecciones y lograr con ello El Triunfo de la corriente de mi simpatía y con este triunfo el pueblo en general estaría dando grandes satisfacciones al abogado Efraín Bú Girón, que se merece esto y mucho más porque es él quien ha brindado mucho ayuda a nuestra ciudad y aldeas, así como a personas y en lo particular el señor Fernández Paz lo sabe muy bien o quizás no lo reconoce.

Falso es también que se haya intimidado a los empleados públicos a votar por nuestra corriente, so pena de ser arrojados de su trabajo; los que así lo hicieron fue por su voluntad y porque reconocen nuestra corriente el alto espíritu democrático que es el anhelo de todo buen hondureño.

Al hacer esta aclaración pública nos anima el propósito de hacer resplandecer la verdad ante el pueblo de Honduras y decirles que Trinidad es un pueblo culto y amante de La Paz, que nos merecemos respeto y que sabemos respetar.

Reconocemos la meritoria labor desarrollada por don José Trinidad Fernández dentro de las filas del liberalismo, pero no alabamos y lamentamos mucho la actitud negativa que él ha tomado en estos días pasados, especialmente el domingo de las elecciones.

Agradecemos al abogado Efraín Bú Girón su gesto noble de estar con nosotros aquí en esta bella ciudad que a pesar del ataque verbal de que fue objeto, mantuvo serenidad y calma poniendo de esta manera su alto espíritu de cultura y su gran amor por Trinidad.

Nuestro agradecimiento al pueblo liberal de Trinidad, testigo fiel de la verdad que arriba apuntamos —finalizó la distinguida alcaldesa.

Acosta Bonilla
CRISIS EN PARTIDOS POLÍTICOS AFECTA A TODO EL PAÍS

TEGUCIGALPA. (por Andrés Torres H.). —Para el ex ministro de Hacienda y Crédito Público, abogado Manuel Acosta Bonilla, los hondureños tenemos que entender y comprender que los problemas nacionales competen a todos, y que no podemos alegrarnos de las desgracias del vecino, sin entender que esa desgracia en alguna forma se van a reflejar en nosotros.

"Es decir —sentencia— que si todos los partidos marchan bien; si los sectores económicos y sociales están bien, entonces el país va a estar bien".

ANÁLISIS

Opina Acosta Bonilla que la situación que atraviesa el país es "sumamente difícil y esto naturalmente se refleja en toda su organización, especialmente las organizaciones políticas".

Agrega: "La crisis interna de los dos partidos tradicionales tiene naturaleza diferente: en el Partido Nacional están suscritas las rivalidades de tipo personal en la cúpula del partido, que no trasciende a sus bases, pero que debe superarse En beneficio del conglomerado político al cual pertenecemos.

"No hay que olvidar —acota— que el Partido Nacional es un instrumento político poderoso del país que debe ser usado sabiamente para conducir mejor en forma los destinos de Honduras en su conjunto.

"Es una lástima entonces que por problemas personales, el Partido Nacional no esté marchando como debería marchar, sobre todo en la inscripción censal, en la cedulación e identificación, donde se requieren los mayores esfuerzos", señaló.

PACTO POLÍTICO

Considera Manuel Acosta Bonilla que es preciso respetar el pacto político suscrito por las dos tendencias existentes en el Partido Nacional, "pero, sobre todo, volver a reconocer la personalidad de los organismos estatutarios; la personalidad del comité central".

"Estos señores (los del comité central) deben percatarse de la enorme responsabilidad que recae sobre ellos. Corresponde a ellos discutir los problemas del partido, tomar resoluciones por consenso y si no es posible, tomar resoluciones por mayoría; y lo mismo debe suceder a nivel de Consejos locales y departamentales".

"Debe olvidarse —opina Acosta Bonilla— el sistema de consigna; la vieja práctica viciosa en el Partido Nacional de estar consultando a personas determinadas para darle rumbo al partido. En el Partido Nacional no hay problemas de tipo ideológico".

PARTIDO LIBERAL

Para Manuel Acosta Bonilla, la situación en el partido liberal es diferente. "Allí las grietas son de mayor profundidad; grietas ideológicas de varios años, que al parecer se han vuelto irreconciliables".

"En los demás, se está percibiendo una descomposición a nivel de la facción que ha venido controlando el Partido Liberal, y si bien es cierto que esto compete a resolver a los liberales, no menos cierto es que también le importa todo el pueblo Hondureño, porque en la medida en que estos partidos tradicionales mayoritarios sean ineficientes como instrumento de ejercicios democrático, en la misma medida alentarán soluciones bastardas en el país", argumentó.

LAS EXTREMAS

Manifestó a Costa Bonilla que de esta falta de solidez de los dos partidos tradicionales podrían surgir " minorías hacia los extremos; tanto a los extremos de derecha como a los extremos de la izquierda.

"Entonces, el camino del pueblo Hondureño es fortalecer los sentimientos democráticos, pero para ello, hay que reflexionar, hay que tratar de buscarle soluciones convenientes a los partidos".

CENTROAMERICANO

Según don "Meme" Acosta, la situación actual de Honduras es de extrema delicadeza. Lo que está ocurriendo en el istmo centroamericano también nos compete a todos los hondureños. "Nunca debemos olvidar —puntualiza MB— que las soluciones que se den para Centroamérica van a repercutir profundamente en Honduras, si esa solución tiene su origen y negociaciones civilizadas, inteligentes y armoniosas, así se reflejarán en Honduras. Pero si la locura embarga a Centroamérica y vamos a una conflagración general, también el fuego va a envolver a todos estos pueblos".

EL HAMBRE

Es preocupante la solución de tipo militar que se le está buscando. Se trata de situaciones de fuerzas que despiertan una carrera armamentista y nos llevan hacia una esfera de influencia militar, que podría causarnos a todos los centroamericanos un daño permanente —añadió.

Concluye nuestro entrevistado haciendo un parangón de la carrera armamentista con el hambre que agobia al país.

"Un país que está sumido en una situación tan terrible, que tiene privación absoluta de alimentar a su pueblo, es un país proclive a cualquier tipo de violencia", dijo.

—No hay peor cóctel —finaliza diciendo Acosta Medina— que una descomposición política de los partidos tradicionales; una situación externa de violencia y una situación interna de privación de las necesidades básicas del país. Esto podría originar una tragedia generalizada en Honduras, que todos debemos evitar".

LIBERALISMO LIMEÑO APOYO GOBIERNO DE SUAZO CÓRDOVA

PRONUNCIAMIENTO DEL LIBERALISMO DE LA LIMA

LA LIMA. —Los suscritos, diputado del Congreso Nacional y miembros integrantes del directorio local Rodista, con la responsabilidad que nos caracteriza y con la fe puesta en los altos intereses de la patria, a los liberales de la República en general y a los de este municipio en particular, emitimos el siguiente pronunciamiento:

PRIMERO: que en todo momento apoyamos a nuestro máximo líder del Partido Liberal, Dr. Roberto Suazo Córdova en su doble condición de Presidente de la República y Coordinador General del Movimiento Liberal Rodista.

SEGUNDO: acuerpamos sin reservas todas las resoluciones emitidas por las autoridades centrales de nuestro Instituto Político, encabezadas por el profesor Romualdo Bueso Peñalba y las resoluciones adoptadas por el Directorio Central del Movimiento Liberal Rodista.

TERCERO: que nos mantendremos firmes, Unidos y disciplinados en la defensa de los principios constitucionales y en los grandes postulados del partido liberal.

La Lima, 28 de agosto de 1983.

José Golores González, Alfonso Hernández Córdova, Francisco Aguilar Núñez, Óscar Arturo Troches, Baudilio Escobar, Antonia Umaña Hernández, Obdulio Cáceres, Tomás Espinal, Jorge A. García, Teresa Martínez, Santiago Valladares, Héctor Samuel Menjivar, Marta Murillo y Raúl Juárez.

(LA TRIBUNA) 30 de agosto de 1983

LA CAÍDA DE AZCONA

Hemos estado observando los acontecimientos políticos suscitados en las últimas horas, después de realizar las elecciones internas del Partido Liberal de Honduras, y sinceramente creemos que no hay crisis; tampoco existen motivos valederos para que la ciudadanía hondureña se alarme ante hechos que solamente demuestran el alto grado de madurez que vamos alcanzando dentro del ejercicio pleno de la Democracia que recién empezamos a vivir.

Nixon en los Estados Unidos cayó, no de la presidencia de un partido político, sino de la presidencia del país más poderoso de la Tierra; y tuvo que caer porque precisamente sus ambiciones políticas lo cegaron a grado tal que transgredió normas de su propio partido y violentó principios constitucionales.

Y si bien es cierto que esa estruendosa caída conmovió al pueblo norteamericano, también fue cierto que la democracia del gran país del Norte se mantuvo airosa y nítida en todo momento, y aquel acto fue aceptado como un accionar más dentro de esa política, y todo pasó sin que pasara nada.

La caída de Simón Azcona del Hoyo de la presidencia del Consejo Central Ejecutivo del Partido Liberal de Honduras no tiene por qué asombrar al pueblo liberal.

Debe tomarse este suceso como algo normal, como algo que se producen determinados momentos cuando un cuerpo colegiado como lo es el Central Ejecutivo trata de salvar el desastre al partido que tiene la responsabilidad de gobernar en estos instantes al país.

Por otra parte, debemos entender que el actual Consejo Central Ejecutivo Liberal está integrado por siete miembros que fueron elegidos como vocales en la Gran Convención.

Los siete miembros que hasta ayer los conformaban son líderes locales o departamentales, y en lo que respecta a Azcona, este había venido figurando como líder o dirigente departamental (en Francisco Morazán) en donde medio mundo lo conocía como "eficiente capacitador político", lo único de lamentar en este caso es que don Simón no supo ni pudo capacitar al profesor Romualdo Bueso y tampoco al profesor Alberto Ignacio Rodríguez Espinoza.

Nitzuga Rivera
Tegucigalpa, D.C.

(LA TRIBUNA) 30 de agosto de 1983

"SEPCAMAT" PIDE NO ACEPTAR RENUNCIA AL MINISTRO AZCONA

Una batalla sin cuartel propiciaría el gobierno de la República al nombrar como sucesor de José Azcona Hoyo a Carlos Handal en el Ministerio de Comunicaciones, obras públicas y Transporte, advirtió ahí a la dirigencia del SEPCAMAT.

La advertencia fue hecha durante una reunión para apoyar al dimitente ministro y analizar las situaciones que llevaron las cola a tomar tal determinación.

Los sindicalistas manifestaron su oposición a Carlos Handal, acusándolo de "sectarista que no puede ver a un empleado vestido de azul porque lo considera cachureco".

José Alfredo Flores, presidente del SEPCAMAT, aclaró que "nuestra organización no defiende a un partido político porque no es esa su función, y no defiende a Azcona Hoyo como líder político sino como un jefe que supo respetar a su subalternos".

Flores acusó a mandos intermedios de la SECOPT de boicotear la asamblea de sindicalistas, y afirmó que "esos son los que hasta hace poco se proclamaban azconistas, pero ahora por amor a su chamba niega su simpatía para el ministro demostrando el temor que le tienen a Carlos Handal".

José Alfredo Flores, presidente del SEPCAMAT, se dirige a la asamblea de los obreros de la SECPOT en la sede de la FECESITLIH.

"Nosotros creemos en el dicho que dice: ´No se puede estar con Dios y con el diablo´, pero hay funcionarios que mientras Azcona estuvo al frente del ministerio le demostraban lealtad, y ahora que las circunstancias han cambiado lleguen al colmo de boicotear las asambleas de trabajadores que apoyan a su jefe", dijo

EL SEPCAMAT pidió al gobierno que no acepte la renuncia interpuesta aunque sea en carácter irrevocable, y anunció "Que estaremos en sesión permanente porque consideramos que nuestra organización popular está amenazada por la escalada a mis antisindical que pretende poner en práctica Carlos Handal".

(LA TRIBUNA) 30 de agosto de 1983

--Con la sensación de que algo se espera--
ATMÓSFERA DE TENSIÓN DOMINA ESCENA DEL CONGRESO NACIONAL

En el Congreso Nacional hay una atmósfera de tensión. Que los diputados se agrupan, dialogan, algunos abandonan la tertulia de una reunión para incorporarse a otro conjunto de diputados y continuar conversando en voz baja.

El día de ayer, antes de iniciarse la sesión, los señores diputados se mantenían expectantes. Existía la impresión de que algo esperaban.

Para algunos grupos de diputados, el tema obligado era la inminente llegada del primer diputado del Partido Liberal por el Departamento de Francisco Morazán, ingeniero José Azcona del Hoyo, y la decisión que tomara la junta directiva en cuanto al destino del profesor Rafael Pineda Ponce, suplente de Azcona.

El criterio generalizado entre las diferentes alas del Congreso Nacional es que la junta directiva del Poder Legislativo no prescindirá de Pineda Ponce, porque lo considera muy valioso por su trabajo en las diferentes comisiones que se integran.

Es de los pocos diputados con una suficiencia de criterio y habilidad para escribir… lo necesita la bancada liberal. Preferirán sacrificar a cualquier otro diputado suplente, de allí que entre algunos de estos, haya desasosiego y el profundo temor de ser desplazado en cualquier momento.

Pero también existe la posibilidad de que el diputado por Ocotepeque, Ardón Fuentes, quien prácticamente está fuera de la política del Movimiento Liberal Rodista, puesto que ha sido uno de los primeros en cuestionar, al tiempo que ha vertido graves acusaciones contra la dirigencia del Consejo Central Ejecutivo y contra el Movimiento Liberal Rodista por la actitud asumida en el caso Azcona Hoyo, declaró a varios medios informativos que él y un grupo de 10 diputados están por presentar al seno de la cámara legislativa un proyecto de decreto mediante el cual se reforman algunos artículos de la ley electoral vigente, buscando con ellos la supresión de las corrientes internas de los partidos políticos, corrientes qué, según opina el diputado Ardón Fuentes, no deben continuar siendo permanentes, sino que deben organizarse al momento de la campaña presidencial.

Ardón Fuentes, sin duda alguna refieren algunos diputados del Movimiento Liberal Rodista, se ha sentido lastimado en sus intereses, no obstante que ha sido uno de los más beneficiados con su condición de diputado. Hay entonces, un profundo resentimiento personal, indican otros colegas.

Los liberales hablan sobre la situación imperante en su partido, hoy acrecentado con la repentina partida hacia los Estados Unidos del diputado presidente del Congreso Nacional, abogado Efraín Bú Girón, hecho ocurrido el fin de semana.

Sobre su ausencia, algunos diputados la relacionan con la situación política nacional, aún cuando la versión más aceptada es la que refiere que el viaje precipitado de Bú Girón, se debe a la enfermedad de uno de sus hijos, actualmente residiendo en los Estados Unidos de Norteamérica.

En resumen, el Congreso Nacional es un hervidero de rumores. Nicolás Cruz Torres se ha mantenido por largo tiempo junto a René Sagastume Castillo y Andrés Torres hijo; Carlos Montoya habla con Sagastume Castillo y con Rodas Baca; Juan Pablo Urrutia dialoga con Calix Urtecho y también con René Sagastume Castillo y también el doctor Miguel Andonie Fernández ha permanecido en reuniones con Héctor Sabillón Cruz y Jacobo Hernández.

La verdad es que los pasillos y El Gran Salón del Congreso Nacional se han llenado de especulaciones que vuelan como las virutas de cigarrillo que fuman diputados y periodistas, sin cesar.

Lo que ocurre en el Congreso Nacional es sintomático, fiel reflejo de lo que sucede en cada reunión familiar o de amigos. Los temas obligados son, forzosamente, los que generan los partidos políticos tradicionales, envueltos en un mar de confusiones, aunque, como afirman algunos entendidos en la crónica parlamentaria, el liberalismo, aún con sus problemas internos que van siendo superados por gravedad, son los menos perjudicados momentáneamente, puesto que siguen manteniendo la hegemonía y la fuerza numérica en el seno de la cámara legislativa, lo que asegura el control ejercido en la misma.

Puede afirmarse que no existe por el momento ninguna amenaza de que la bancada liberal se divida y haga peligrar su dominio del Congreso Nacional, porque en lugar de perder adeptos y apoyo entre los diputados, el movimiento liberal rodista ha ganado prácticamente dos votos, más los de Roberto Micheleti Bain y de Marco Antonio Ponce, definido a favor de la actitud del Central Ejecutivo en el caso de Azcona Hoyo.

Andonie Fernández, Héctor Sabillón Cruz y Jacobo Hernández dialogan sobre los sucesos políticos que se viven en Honduras. Andonie Fernández (PINU) afirma que el problema está en los partidos mayoritarios, ya que ellos los pequeños partidos solo están "mirando, como el chinito".

Mario Rivera López, que últimamente ha estado llegando al Congreso Nacional, Roberto Cantarero (Zuniguista) y Montoya, del Partido Liberal, cambian impresiones.

Carlos Orbin Montoya estuvo activo. Aquí lo vemos con Rodas vaca integrante de la bancadita. No sabemos si le está pidiendo un formulario para ingresar a la famosa tripleta que en sus inicios se distanció de la mayoría del Rodismo, en algunas cosas...

(EL HERALDO) 31 de agosto de 1983

PONCE MARTÍNEZ: "SI LOS LIBERALES NO NOS UNIMOS NOS VA A LLEVAR EL DIABLO"

- Se lamenta el coronel Marcelino Ponce que el ingeniero José Azcona del Hoyo haya dejado que "se le fundiera esa maquinaria bien lubricada que presentó en Valle de Ángeles"

LA CEIBA, ATLÁNTIDA. "El ingeniero José Azcona es un soberbio; no obstante, eso no le quita su capacidad y don de gentes; le tengo estimación y lo respeto porque es un gran

115

valor dentro del Partido Liberal", dijo a EL HERALDO el coronel (r) Marcelino Ponce Martínez, designado presidencial y principal baluarte para el triunfo del abogado Neptalí Montoya Reyes al consejo local liberal de esta ciudad.

Ponce Martínez, indiscutible líder en Atlántida, algo cansado debido a sus ajetreos en su hacienda, en un paréntesis accedió a la visita efectuada por nuestro corresponsal para dialogar sobre el momento político que viva el partido que actualmente lleva a los destinos de la nación.

"MAQUINARIA FUNDIDA"

El viejo líder de Atlántida dijo que él no quiere ser participe en ese "barullo" de comentarios que se han suscitado con motivo de la renuncia del ingeniero Azcona el Ministerio de reestructuración del Consejo central ejecutiva del Partido Liberal.

"Él renunció voluntariamente y ha manifestado que nadie lo ha presionado; creo dijo-- que esas decisiones hay que respetarlas, pero hay algo que me preocupa porque Azcona dejó que se fundiera esa maquinaria humana bien lubricada que presentó en Valle de Ángeles hace 4 meses: será por falta de lubricante o a saber por qué?

"NOS VA A LLEVAR EL DIABLO"

Don Marcelino Ponce Martínez, algo preocupado y haciendo una reflexión, dijo también que "no quisiera ser pesimista, soy optimista, del liberalismo tiene que buscar su unificación, pero a base de comprensión y desprendimientos personales que echan a perder todo, debemos estar unidos, si no nos va a llevar el diablo".

"ME HAN INSULTADO"

"En la Ceiba —dijo Don Marcelino Ponce— me han insultado injustamente, no le he contestado porque no quiero que el Partido Liberal se desuna, me he mantenido en silencio porque no he querido contribuir con mis declaraciones a que nuestro partido se desuna".

Dijo que "Creo que estos incidentes van a ser motivo de unificación porque nos va a hacer comprender que es una urgencia entendernos; hay correligionarios que no saben perder, ni son tolerantes; en el caso del ingeniero Azcona del Hoyo, él es muy culto, es un liberal que ha luchado por el Partido Liberal y lo ha defendido en sus momentos más críticos con gran gallardía, pero noté en Valla de Ángeles que es soberbio; no obstante, eso no le quita su capacidad".

"DEBEMOS REFLEXIONAR"

"Excito al liberalismo a la reflexión —dijo Ponce Martínez—, a fin de borrar asperezas y unificar nuestro instituto para darle así nuestro apoyo sólido a nuestro presidente, doctor Roberto Sosa Córdova".

(LA TRIBUNA) 31 de agosto de 1983

MIEMBROS DEL CENTRAL EJECUTIVO VIOLAN ESTATUTOS DEL PARTIDO

El ex presidente de Consejo Central Ejecutivo del Partido Liberal, José Azcona, acusó ayer a los demás miembros de ese organismo, exceptuando a Rodrigo Castillo, de ser unos violadores de los Estatutos del Partido Liberal y de "prepotentes".

El dirigente liberal dijo que su posición dentro del Central Ejecutivo fue a buscar el respeto para todos los liberales y para los estatutos, y negó que él sea prepotente y que con nada monta en ira.

"Prepotentes son ellos —señaló refiriéndose a los demás miembros del Central Ejecutivo—, cuando me echaron una aplanadora de 5-2 violando los estatutos del Partido Liberal al emitir un documento que eran las credenciales que debían llevar mi firma como presidente, y cuando les dije que había que retirarlas se fueron a votación y con la aplanadora que me echaron violaron los Estatutos".

Reconoció que él es una persona temperamental, "pero no monto en ira, lo que pasa es que no acepto violaciones y no me gustan las injusticias, y contra esas situaciones sí me rebelo ya sea que esté arriba o abajo".

Dijo que esperaba reincorporarse al Congreso Nacional en cuanto le sea aceptada su renuncia del cargo de ministro, descartando los rumores de que el mandatario no le acepta la renuncia para evitar que retorne al Congreso y forme una nueva "bancadita2, ya que muchos diputados liberales siguen apoyándolo.

(LA TRIBUNA) 31 de agosto de 1983

Porque no le contestan la primera...
AZCONA PREPARA SEGUNDA RENUNCIA

El ministro de Comunicaciones, Obras Públicas y Transporte, José Azcona, que el jueves pasado interpuso su renuncia irrevocablemente, anunció ayer que si la misma no le es aceptada "tendré que reiterarla, porque cuando uno toma una decisión meditada tiene que sostenerla"

Azcona visitó casa presidencial y participó en una reunión de un grupo de trabajo que planifica programas de Desarrollo Social para el departamento de Olancho, especialmente en la zona donde, según el ejército, existe una fuerza guerrillera.

Informó que hasta la fecha el presidente de la República, Roberto Suazo Córdova, no le ha contestado si le aceptó o no la renuncia, y que no tiene conocimiento si ya nombró su sustituto, señalando que ante esa situación es su deber continuar desempeñando su cargo.

El funcionario señaló que luego de anunciar su renuncia se elaboraba un cheque a nombre de la Tesorería General de la República para devolver los seis días que faltaban para completar el mes y que ya se lo habían pagado.

Pero dijo que no ha entregado el cheque porque sigue trabajando, y "nadie tiene por qué trabajar sin ganar".

Señaló que si el mandatario le pidiera que revoque su renuncia tendría que pensarlo, "porque no quiero perjudicar al gobierno, pero cuando uno toma una determinación meditada tiene que sostener esa posición".

Agregó que está esperando que su renuncia sea aceptada y que su sustituto sea nombrado para entregarle el puesto indicando que "no voy a caer en la en irresponsabilidades ni en ilegalidades, pero si el presidente no me llama para dialogar le tendré que reiterar mi renuncia".

Informó que desde el jueves pasado que interpuso su renuncia el presidente de la república se ha llamado al silencio y ni siquiera lo ha llamado para comunicarle que la recibió, ni mucho menos para dialogar y dejar claras algunas situaciones.

AGUA SE LE HACE LA BOCA A C. HANDAL

El viceministro de Comunicaciones, Obras Públicas y Transporte, Carlos Handal, informó ayer que no ha recibido ningún ofrecimiento de parte del presidente de la República, Roberto Suazo Córdova, para el cargo de ministro de esa Secretaría de Estado, pero que si la recibe está dispuesto a aceptar.

"Lo que ordene el presidente estoy dispuesto a cumplirlo", expresó Handal.

Handal dijo que es falso que ande presionando para que lo nombren en el cargo de Azcona, afirmando que "nunca he deseado nada y he llegado donde estoy porque me han llevado y no porque he andado de ofrecido".

Adelantó que en caso de que el presidente de la república lo nombre como ministro no realizará ninguna reestructuración, sino que le dará mayor dinamismo a esa secretaría de Estado, ya que según su criterio no se necesita una nueva reestructuración sino que trabajar más.

Asimismo, expresó que no es cierto que los trabajadores agrupados en el sindicato lo adversen y que se opongan a un posible nombramiento como ministro.

"Solo son unas cuatro personas las que están en mi contra y hacen aparecer una oposición que no existe, ya que yo soy amigo del trabajador humilde", dijo.

Handal negó que durante el tiempo que ha trabajado al lado del ingeniero Azcona hayan tenido problemas o diferencias de tipo personal.

"Considero a Azcona como un hombre capaz, no sé por qué renunció, pero yo estoy cumpliendo con mis funciones en el ramo que me corresponde", concluyó.

ELECCIONES, ¿PARA QUE?

¡Hay que ver cómo los nuevos Apóstoles de la democracia —que son los mismos de siempre, "cachurecos con corbata roja" o cachurecos al desnudo— hablan de la defensa de nuestros valores eternos del cristianismo, del republicanismo, de la soberanía popular, de participar sionismo y la coparticipación en fin de la democracia!

¡Hay que verlos, con su reluciente ropaje anticomunista, su prédica antisubversiva, fustigando el totalitarismo soviético y cubano, y exigiendo elecciones en Nicaragua, libres, pluralistas y honestas, para que el pueblo de aquel país viva dentro del sistema republicano, y de esta manera, rompa las cadenas que lo atan al yugo soviético-castrista!

Se llenan la boca hablando de las virtudes del sistema electoral, el único capaz de salvaguardar la libertad y la democracia.

Dicen que en donde no se practican elecciones sobrevive en lo propio y la dictadura, y luego la rebelión de los pueblos.

Estos "Apóstoles" se presentan, en Honduras, como los abanderados del sistema que tenemos todos la obligación de sostener, aún a costa de nuestras vidas. Porque es el único sistema que da felicidad a la nación, bienestar común, oportunidades para que cada uno de nosotros viva dignamente, de acuerdo con sus ideales, aptitudes e intereses.

Es archiconocida la frase de lobos con piel de oveja, Pero no por ello menos cierta y aplicable para nuestra Honduras, que hoy día sufre una mascarada democrática que la va llevando al despeñadero.

Desde el ponerse conspira contra la democracia, pero a esa conspiración le llaman defensa a nuestro sistema democrático.

En cierta medida, tienes así se comportan no dejan de tener razón: ese es su sistema, su concepto de la democracia, y por lo tanto, lo defienden hasta la ignominia. Porque para ellos la democracia es su derecho, por la razón o por la fuerza, para de pensar el poder.

Esto, naturalmente, no es democracia ni defensa del sistema democrático. No es republicanismo ni se basa en la soberanía popular. Tampoco es participación y pluralismo ideológica. Es simple y llanamente una dictadura. Por eso viene de perla otra frase que de tanto usarla se ha organizado: ¡Libertad, cuántos crímenes se cometen en tu nombre!

Sociólogos, politólogos, psicólogos, etcétera, hace mucho tiempo que llegaron a la conclusión de que la violencia colectiva, el terrorismo y la subversión política emanan de la imposición de las mayorías sobre minorías a las que no se da oportunidad de manifestarse ni tener parte del poder, o de la imposición de minoría que mediante el terror y la fuerza se hacen del poder, marginando de este a las mayorías.

Es precisamente por esto que el sistema electoral es visto como el mejor mecanismo para llegar al poder, regulado debidamente para que todos los sectores y las ideologías participen, en concordancia con su poder electoral determinado libre y limpiamente.

En Honduras eso no está sucediendo en ninguna parte. Prueba de ello son las elecciones internas del Partido Liberal, en las que, por ejemplo, el Movimiento Liberal Rodista —en el poder —obtuvo tres veces más votos que todo el Partido Liberal en las elecciones generales de 1981, y, de esta manera, el diputado de origen árabe Alfredo Jalil tiene ahora un poder electoral, en la convención de este partido, superior al de Tegucigalpa, San Pedro Sula y la Ceiba.

Es, pues, junto con otros tres más de la misma denominación y origen, el gran elector en el liberalismo.

Lo mismo ha sucedido para las elecciones para elegir a la directiva de la Federación de Estudiantes Universitarios de Honduras (FEUH). Se hace el fraude, desde el poder, y, a final de cuentas, la misma Corte Suprema de Justicia, al denegar el amparo de los ofendidos FRU-FUR, sacraliza el atropello.

Entonces, todo el mundo pierde la fe en el sistema democrático y a las elecciones. Los jóvenes miran que no hay alternativa, si no lo contrario. Por medio de las elecciones se implanta una dictadura peor que las anteriores.

Y, entonces, surge la pregunta: "Elecciones, ¿para qué?".

—Tribuna Libre--
CRITERIO RACISTAS EN POLÍTICA
NO TIENEN FUNDAMENTO DE RAZÓN

Abogado Gustavo Acosta Mejía

Hace algunos años en la República del Ecuador surgió un verdadero líder político llamado ABDALÁ BUCARAMAN, quien se perfilaba como candidato a la presidencia de la república, con un enorme arrastre popular que le garantizaba el triunfo sobre todo sus oponentes.

Como las fuerzas armadas del Ecuador estaban comprometidas a garantizar un proceso electoral libre y democrático y adversaban a BUCARAMAN, la única forma para inhabilitarlo fue la introducción en el texto constitucional de un artículo que se establecía como requisito indispensable para poder ser presidente del Ecuador, ser ecuatoriano de nacimiento e hijo de padre y madre ecuatorianos.

BUCARAMAN como era hijo de un inmigrante libanés tuvo que deponer sus pretensiones políticas cediendo en favor de un pariente suyo, Jaime Roldós, quién triunfó en las elecciones y murió en el desempeño del cargo en un accidente aéreo.

En HONDURAS, donde tenemos una fuerte inmigración de origen árabe los hijos de estos, en su gran mayoría, no continuaron las actividades comerciales de sus mayores, sino que buscaron profesiones liberales en donde muchos se han destacado, en tanto otro incursionaban con un buen suceso en la industria, llegando a formar fuertes empresas en donde centenares de hondureños han encontrado trabajo y han ganado el sustento para así sus familias.

Por su condición de hondureños por nacimiento, como los consideran las constituciones de la República bajo cuyo imperio vinieron al mundo, algunos en los últimos años han incursionado en la política, siendo más notoria su presencia dentro de las filas del Partido Liberal que cuenta con varios diputados y un ministro de ascendencia árabe, pero que son hondureños y como tales tienen perfecto derecho participar en la vida política de la nación.

Y en esa participación política lo hemos confirmado últimamente como cualquier otro hondureño han tenido adversarios que no han cuestionado su capacidad o sus condiciones morales, sino su ascendencia árabe la falta de un argumento valedero.

Por la incultura y el subdesarrollo que exhibimos, se les ha endilgado el calificativo de "Turcos", impropio bajo todo punto de vista, si se ha pretendido levantar un sentimiento racista que no tiene cabida en y que está proscrito por disposición constitucional.

A los políticos hay que adversarlos por sus antecedentes, por su conducta pública y hasta, si se quiere, por su conducta privada, pero no por sus orígenes raciales, pues muy pocos son los que pueden alardear de ser autóctonos ciento por ciento.

En el caso del doctor Villeda Morales, su ascendencia guatemalteca y salvadoreña, pues tal era la nacionalidad de sus abuelos y a nadie se le ocurrió señalando como guatemalteco o como salvadoreño.

Se lo dijo muchas cosas en el calor de la política, hasta comunista, pero jamás se puso en tela de duda su condición de auténtico hondureño.

Cuando los actuales gobernantes de Nicaragua llegaron al poder recordamos que en la euforia del triunfo hubo quienes anunciaron que el movimiento de Liberación continuaría en HONDURAS porque aquí nosotros estábamos bajo la dominación de los "turcos".

¡Continuar en esa campaña racista que ha aflorado ultimadamente es perjudicial para la unidad de la familia hondureña y en parte es hacerle el juego a los enemigos de nuestra patria!

Ardón Fuentes:

LA CONSTITUCIÓN DEBE SER REFORMADA PARA QUE DIPUTADOS NO SE REELIJAN

El diputado liberal Antonio Ardón Fuentes, sustenta el criterio de que la Constitución de la república debe ser reformada para impedir que los actuales diputados sean reelectos para un nuevo periodo y evitar problemas dentro de los partidos políticos.

La idea del diputado Ardón Fuentes no contaría con el apoyo de la mayoría del Congreso Nacional y el mismo lo reconoce, sin embargo sostiene que "esta sería una solución salomónica para evitar conflictos que se han presentado, particularmente dentro del partido liberal".

Entrevistado ayer Ardón Fuentes en relación a la moción, que presentará en el seno del congreso, en el sentido de que sean abolidas las corrientes internas dentro de los partidos políticos legalmente inscritos, reafirmó su posición, al expresar; que "estos movimientos internos son los que están causando más daños a los partidos políticos".

Indicó, que "si alguien ha dicho por ahí que yo debiera ser fiel a los principios de Modesto Rodas Alvarado, creo interpretar su legado, que sería fiel a sus principios en el sentido de mantener al MLR como un frente interno y no como una corriente legalmente inscrita".

Enseguida apuntó que "Rodas Alvarado nos legó principios de honestidad, de honradez y de liberalismo, los cuales deberíamos de respetar, así como también la expresión de las mayorías, sin tener que sujetarse a lo que las minorías quieren. Por eso creo que La abolición de las corrientes internas es necesaria", puntualizó Ardón Fuentes.